Angelika Wolk-Gerche

Zwergenreiche

Angelika Wolk-Gerche

Zwergenreiche

Vom Wesen der Zwerge und wie man sie gestaltet

Verlag Freies Geistesleben

Über die Autorin:
Angelika Wolk-Gerche, geboren 1951, Diplom-Designerin. Arbeit im Schuldienst im Fach Kunsterziehung. Danach freiberufliche Tätigkeit als Textildesignerin und Malerin, daneben Leitung zahlreicher Mal- und Werkkurse. Seitdem vorwiegend als Autorin und Illustratorin bei verschiedenen Fachzeitschriften in freier Mitarbeit tätig. Sie lebt mit ihrer Familie in der Nähe von Stuttgart.

Farbige Fotos: Wolpert & Strehle, Dieter Wolk
Zeichnungen und Aquarelle: Angelika Wolk-Gerche

2. Auflage 2001
Verlag Freies Geistesleben
Landhausstraße 82, 70190 Stuttgart
Internet: www.geistesleben.com

ISBN 3-7725-1737-4

Einband: Walter Schneider unter Verwendung eines Fotos von Wolpert & Strehle, Stuttgart.
Druck: Uhl, Radolfzell

Inhalt

Teil 1: Vom Wesen der Zwerge

1. Einführung 7

2. Zwerge in der Volkspoesie 9

3. Zwergengeschichten aus dem Volksgut 13
Der Pilatus und das Herdmanndli (Schweiz) 13
Kastelen- Alpe (Schweiz) 15
Die Klabautermännchen (Holland) 15
Die Kobolde (Deutschland) 16
Die kleinen Schuhe (Irland) 18
Der Drescher und der Zwerg (Deutschland) 19
Die Strafe des Zwerges (Alpensage) 20
Der Klabotermann von Heinrich Heine 20
«Elfenlied» von Eduard Mörike 21

4. Elementarwesen aus geisteswissenschaftlicher Sicht 22
Mit Auszügen aus Vorträgen Rudolf Steiners

5. Kommt eine neue Hellsichtigkeit? 26

6. Neue Zwergengeschichten und -begegnungen 29
Fichtus, der Baumwächter 29
Das Zwergengärtchen im finnischen Wald 30
Die Maistrolle 30
Der Erdbeerzwerg 31

7. Kinder und Zwerge 34
«Klippdiklapp» (Kinderlied mit Noten) 34
«Leise, leise, aufgepaßt!» (Kinderlied mit Noten) 35
Wenn Kinder von Zwergen erzählen 36
Der gefundene Zwergenschuh 36
Das Traumbuch 37
Neugierige Tannenzapfenzwerge 38
Da, 'n 'Werg 38
Bubbilu und Tellis 39
Der Kleine unter'm Tisch 39
Miriams Filzzwerge 39
Zwerge von Kinderhand 40
Meine Zwergengeschichte 43

Teil 2: Wie man Zwerge gestaltet und mit ihnen umgeht

8. Wie gestaltet man einen Zwerg für Kinder? 44
Vom Umgang und Spiel mit Zwergen 45

9. Arbeitsanleitungen 47
Erdbeerzwerge 47
Eine Hütte für Erdbeerzwerge 50
Erdbeerzwergenreich in einem alten Tisch 51
(im Freien mit echten Pflanzen)

Waldgeister (aus gefundenen Wurzeln und Holz) 52
Tannenzapfenzwerge 53
Maistrolle (Wurzeln und Bienenwachs) 54
«Haarige Mag und Brownie-Mann»
(zwei schottische Zwerge) 56

Steingraue Alpmanndli 60
Laterne 67
Reisebündel 67
Bunte Glöckchenzwerge 68
Schmetterling 72

Zwerge für den Jahreszeitentisch:
Narzissenmännlein 74
Pomponküken 79
Grüner Sommerwiesenzwerg 80
Pilzkappengnom, Maus 85 / 88
Schneeflockenelf 88

Zwergenschenke in einem Apfelbaumstamm 92
Rezepte für ein Zwergenfest 93
Wem gehört welches Hütchen? 94

Quellenangaben / Literaturhinweise 96

1. Einführung

Alle Kinder kennen und lieben sie: die Zwerge, Kobolde, Heinzelmännchen, Elfen, Feen, Nixen und wie sie alle heißen mögen. Es sind Wesen aus einer anderen Welt, einer Zauberwelt, die hinter Nebelschleiern verborgen scheint und zu der wir Menschen, von wenigen Ausnahmen einmal abgesehen, keinen Zugang haben. Und trotzdem sind sie da, sind um uns herum und sehen uns. Wir aber bemerken sie nicht, denn ihnen fehlt der sinnliche Leib.

In früheren Zeiten sollen die Menschen noch über Seelenqualitäten verfügt haben, die es ihnen ermöglichten in andere geistige Wirklichkeiten hinein zu blicken. Was sie da «schauten», war eine Vielzahl von Naturgeistern, die um sie herum webten und wirkten und vorwiegend im Zusammenhang mit den Elementen Erde, Wasser, Luft und Feuer bestimmte Aufgaben zu erfüllen hatten. Diese waren für die Erde und damit auch für die Menschen, die auf ihr zu Gast waren von existentieller Bedeutung. Ihr Tätigkeitsbereich führte manche der Elementarwesen auch unmittelbar in den menschlichen Lebensumkreis hinein. Unsere Vorväter und -mütter nahmen ihr Wirken im Haus, in den Ställen, bei dem Vieh, auf dem Feld, im Wald, im Erzbergwerk, beim Fischfang usw. wahr. Man war daran interessiert, mit den Kobolden, Wassermännern und Elfen in gutem Einvernehmen zu stehen, denn eine Begegnung mit ihnen konnte durchaus problematisch verlaufen. Sprach man von ihnen, so geschah das in der Regel sehr respektvoll. Man nannte sie unter anderem «Unsere verborgenen Freunde» oder «Das stille Volk». Menschen und Naturgeister brauchten sich gegenseitig und waren voneinander abhängig. Das schien früher beiden Seiten klar zu sein. Bevor ein Baum gefällt oder ein wildes Tier erlegt wurde, bat man die Naturwesen, die für dessen Pflege verantwortlich waren, um ihr Einverständnis.

Unzählige der Erlebnisse, Erfahrungen und Wahrnehmungen aus alter Zeit fanden ihren Niederschlag in Märchen, Legenden und Sagen und sind uns unter dem Begriff «Volkspoesie» überliefert worden. Die Gebrüder Grimm drücken es so aus, daß der - wie sie es nennen - «Geisterglaube» vergangener Zeiten, solange er fortgedauert hat, «ein aus lebendiger Mitte entsprungenes und in seinen Bestandteilen gegenseitig sich ergreifendes Ganzes muß gewesen sein.»

Unsere lebendige Mitte suchen wir moderne, «aufgeklärte», vom Intellekt geleitete Menschen heute oft vergeblich. Um uns herum ist es öd und leer geworden und aller Zauber ist verflogen. Haben uns denn alle «guten Geister verlassen»? Als wir tief in die materielle Welt eintauchen mußten und unser Verstand immer dominanter wurde, haben wir die Existenz der Feen und Zwerge verleugnet und vergessen. Unser Blick ist nur noch auf die äußere Seite der Welt gerichtet. Alles andere wird belächelt, als irreal abgetan und in das Reich der Ammenmärchen verbannt.

In den letzten Jahren jedoch scheinen immer mehr Menschen wieder Kontakt zu den Elementarwesen zu finden, besonders in Nordeuropa. Dort hat man zweifellos einen ausgeprägteren Natursinn als in Mittel- oder Südeuropa ausbilden können. Es sind nicht mehr nur die Kinder, die Sensiblen, die Künstler, die wohl zu allen Zeiten eine Verbindung zu anderen Wirklichkeiten hatten.

Dieses Buch nun beschäftigt sich vorwiegend mit einer Gruppe der hochkomplexen und formenreichen Welt der Elementarwesen, mit den Gnomen, Zwergen und Kobolden. Sie sind dem Element Erde zugeordnet und ihrerseits wiederum unüberschaubar groß. Der Volksmythologie verdanken wir eine sehr reichhaltige Darstellung ihres Wesens und Wirkens. Als Kulturgeister sind einige von ihnen den Menschen sehr nahe gekommen. Daher meinen wir sie von allen am besten zu «kennen».

Kinder lieben sie, die knorzigen, buckligen kleinen Gesellen wie sie durch die Märchen huschen. Nicht immer ist mit ihnen «gut Kirschen essen». Oft necken, narren und erschrecken sie uns.

Wenn wir den Kindern einen schönen, gut gearbeiteten Zwerg schenken, wozu dieses Buch anregen möchte, wissen wir, daß wir damit nur ein Symbol oder ein Gleichnis vor uns haben für etwas, das außerhalb unseres sinnlichen Wahrnehmungsvermögens liegt. Dies gilt ebenso für «echte» Zwergengeschichten und -zeichnungen. Ein Zwerglein, das wir liebevoll und aus natürlichen Materialien für ein Kind hergestellt haben, kann eine Veranschaulichung dessen sein, was beim Anblick einer sich öffnenden Blüte, einer Flußlandschaft, eines Bergmassivs empfunden, geahnt, geistig wahrgenommen und in eine für Kinder verständliche Form gebracht wurde. Unser kleiner Zwerg ist quasi eine Art «Krücke», unserem Gestaltungsbedürfnis entsprungen. Trotzdem können wir durch den Umgang und das Spiel mit ihm zusammen mit unseren Kindern in eine zauberhafte Welt reisen. Es tauchen Fragen auf, die sich mit Steinen, Pflanzen und Tieren beschäftigen. Wir lernen wieder, ganz neu in einen Wald hinein zu horchen und betrachten eine Schlüsselblume, einen Pilz, einen Bach mit anderen, wacheren Augen. So entwickelt sich ein reicheres, sensibleres Seelenleben das letztlich zu einem größeren Mitgefühl gegenüber allen lebendigen Wesen um uns herum führt, seien sie nun sichtbar oder unsichtbar.

Die Welt der Naturwesen, für die dies eine ungeheure Freude ist, belohnt uns mit Geschenken die «Gold wert sind»: Inspirationen, Gedankenblitzen, Geschicklichkeiten im Alltag. Das würde vielleicht jenen Goldbatzen entsprechen, die das «Kleine Volk» im Märchen aufrechten, beherzten Menschen schenkt.

2. Zwerge in der Volkspoesie Nord- und Mitteleuropas

In ihrem Buch «Irische Elfenmärchen» (1) berichten die Gebrüder Grimm in allen Einzelheiten über das Wesen der Elfen. Die Rede ist von deren Wohnsitzen, der Kleidung, der Nahrung, den Festen, den verschiedenen Charakteren, ihrer Beziehung zu den Menschen usw. Es sind Bilder und Veranschaulichungen von Wesen, die nicht mit sinnlichen Augen gesehen werden können, deren Wirken aber die Menschen vor einigen hundert Jahren z.B. in den Naturgewalten und -erscheinungen sahen und die sie als subjektive Realitäten wahrnahmen.

Wenn von Elfen die Rede ist, sind auch die Wesen gemeint, die wir als Zwerge bezeichnen. Es sind hilfsbedürftige und übermächtige Wesen in einem. Die Edda unterscheidet in der nordischen Mythologie helle, leuchtende Elfen des Lichts, von reiner Farbe, zart und fast durchsichtig, und schwarze Elfen der Finsternis. Die schwarzen Elfen werden hier zugleich Zwerge genannt, die in dunklen Berghöhlen hausen, von dunklerer Farbe und darüber hinaus körperlicher sind. Da diese Wesen wandelbar sind und es Überschneidungen gibt, ist eine Nomenklatur ausgesprochen schwierig. Wichtig für uns ist, da wir uns ja eingehender mit den Zwergen beschäftigen wollen, daß die Unterscheidung in helle und dunkle Elfen nicht dazu dient, diese beiden Gruppen in gute oder böse zu unterteilen, sondern vielmehr um sie als Geister der verschiedenen Regionen des leuchtenden Himmels und der dunklen Erde einzuordnen. Alle stehen sie in einem gewissen Zwielicht, haben zwei Seiten und sind in ihrem Verhalten den Menschen gegenüber stets unberechenbar. Sie existieren in einem Mittelreich und gelten als «vom Himmel gestoßene Engel, die nicht in die Hölle gesunken sind, die aber selbst in Angst und Ungewißheit über ihre Zukunft zweifeln, ob sie am Jüngsten Tag Begnadigung erhalten werden.» (Gebrüder Grimm)

Erbsengrüner Rock und ein schnarrendes Stimmchen

Über die Erscheinung des Zwerges heißt es: «Der Zwerg hat Kindesgestalt, ist aber alt und häßlich, langnäsig, von dunkler blaugrauer oder erdbrauner Farbe; weil ihn das Licht nicht bestrahlt, hat er das Gesicht eines Toten; daher sagt auch in der Edda der Gott zum Zwerge: ‹Wie bist du so fahl an der Nase, warst du in nächtlichem Dunkel bei einer Leiche?›»

Zwerge gelten als mißgeschaffen, sind großkopfig, verwachsen, haben bisweilen verkrüppelte, falsch herum angewachsene Füße oder Entenfüße (siehe dazu die Geschichte vom Pilatus und den Herdmanndli, Seite 13). Ein altwalisisches Gedicht nennt die Elfen «schiefmäulig». Vom Cluricaun, einem irischen Zwerg sagt man, er sei sehr häßlich und sein altes Gesicht einem veschrumpelten Apfel ähnlich. Auch von blumenkohlgesichtigen Zwergen wird berichtet. Der Cluricaun gilt als besonders täppisch, listig und verschlagen. Er bevorzugt eine altmodische Tracht, bestehend aus einem erbsengrünen Rock mit großen Knöpfen, einem dreieckig altfränkisch aufgekrämpten Hut sowie Schuhen mit auffallend großen Metallschnallen. Er ist vorwiegend damit beschäftigt, Schuhe anzufertigen. Dabei stellt er seine große Kunstfertigkeit unter Beweis. Bei der Arbeit pfeift er stets ein Lied. Die Melodie soll süß und bezaubernd sein. Die Tracht der Zwerge im allgemeinen ist vorwiegend grün oder moosfarbig und sie sollen es nicht gerne sehen, wenn Menschen sich in diese Farben kleiden. Zwerge, die als Haus- oder Kulturgeister (z.B. Tomte) um Speise und Kleider den Menschen dienen, bevorzugen eine bunte Tracht, in der viel Rot vorkommt. In manchen Märchen erscheinen die «Manneken» ganz nackt. Legt ihnen der Hausherr aus Mitleid oder Dankbarkeit ein Gewand hin, so nehmen sie es zwar voller Freude an, verschwinden aber hinterher auf Nimmerwiedersehen. Die Schweizer «Manndli» erscheinen in Mänteln, die auf dem Boden schleifen denn sie schämen sich ihrer merkwürdigen Füße. Andere Zwerge sind ganz in dunkle Tücher eingewickelt. Für alle ist die Kopfbedeckung besonders wichtig. Hier gibt es die ausgefallendsten und fantasiereichsten «Modelle». Sie reichen von weiten, heruntergeschlagenen Schlapphüten, über Pflanzenformen wie den roten, zauberkräftigen Blüten des Fingerhutes, oder Pilzdeckeln, Kapuzen, die mit der Kutte verbunden sind, bis hin zu den bekannten Tarn- und Nebelkappen. Solche Kappen tragen die Zwerge Elberich, Laurin und der Kobold Zehyr. Sie verhelfen ihnen nicht nur zur Unsichtbarkeit, sondern auch zum Annehmen einer anderen Gestalt. Menschen haben immer wieder versucht, eine solche Nebelkappe in ihren Besitz zu bringen, wie auch in der Geschichte «Der Drescher und der Zwerg», auf Seite 19. Die Kopfbedeckung der Zwerge, in welcher Form auch immer, wird außerdem als ein Symbol dafür gesehen, daß diese Wesen nach oben, zu den himmlischen Welten hin, abgeschlossen sind und keine Verbindung zu den Engeln haben. Die Menschen, denen diese Verbindung ja möglich ist, sollen darum von den Zwergen sehr stark beneidet werden.

Die Stimme der Elfen ist meistens sehr leise. Manche sprechen lautlos. Der häßliche, verschrumpelte Elf in irischen Sagen spricht mit einem schneidenden, schnarrenden Ton. Als Wechselbalg schreit und heult er entsetzlich oder seine Stimme klingt wie die eines uralten Mannes.

Eine Kammer unter der Hausschwelle

Die Behausung der Zwerge liegt meistens im dunklen Erdreich, in vorgeschichtlichen Grabhügeln, alten Erzbergwerken, Höhlen, Bäumen, Festungsgräben, sogar in Teergräben usw. Solche, die sich den Menschen angeschlossen haben, sind in Kellergewölben, auf Dachböden, in Küchen oder Vorratskammern und sogar unter der Hausschwelle anzutreffen. Manche sind häufig, für Erwachsene unsichtbar, zwischen spielenden Kinder anzutreffen. Der Klabautermann hält sich im Laderaum des Schiffes auf, um dort die Waren besser nachzustauen, auch außen am Schiffsrumpf und zwischen den Segeln sieht er nach dem Rechten.

Tautropfen und Bier

Die Elfen bedürfen nur weniger zarter Nahrung. Es genügen ihnen Tautropfen und etwas süße Milch. Solche, die in nähere Verbindung mit den Menschen treten, verlangen jedoch nach gröberer Kost. Einem Berggeist in der französischen Schweiz ward jeden Abend ein Napf voll süßem Rahm auf das Dach des Viehschuppens gestellt und allzeit von ihm geleert. Den Zwergen schmecken die Krumen von Käse und Weißbrot, ebenso in Milch eingebrocktes Brot. In Preußen hat man ihnen sogar Bier hingestellt, was sie gerne annahmen. In Skandinavien, besonders in Finnland und Schweden erhalten sie abends einen Teller Brei oder Grütze. In den meisten Häusern gibt es dafür einen bestimmten Platz. Diese alte Sitte ist z.T. heute noch in ähnlicher Form in Finnland gebräuchlich, wo man das Weihnachtsessen über Nacht auf dem Tisch stehen läßt, damit sich der Tomte dort bedienen kann. Ebenfalls in Finnland existieren bis heute noch einige der alten «Opferbäume», in deren Ästen sich Wald- oder Haustomte aufhielten. Diese Bäume stehen unweit der Wohnhäuser. Früher brachte man zu deren Wurzeln Gaben von Dingen, die auf dem Hofe erzeugt wurden.

Nisse, Goblins und andere hilfreiche Geister

Die Hauskobolde und Kulturgeister leben mit «ihren Menschen» meistens in gutem Einvernehmen und nicht nur das: durch ihre Zauberkräfte und Kunstfertigkeiten sorgen sie dafür, daß ihre Hausleute zu Wohlstand und Ansehen kommen. Die Mittel, derer sie sich dabei bedienen, sind allerdings manchmal moralisch etwas fragwürdig.

«Schließt sich eine Elfe an einen einzelnen Menschen oder eine Familie an und begibt sich in seinen (ihren) Dienst, so heißt er Kobold (Ko = Haus, Bold = Wächter), Brownie (Schottland), Cluricaun (Irland), der Alte im Hause (Schweden), Nisse-god-Dreng (Dänemark und Norwegen), Duende, Trasgo (Spanien), Lutin, Goblin (Frankreich), Hobgoblin (England), erhält wohl auch Eigennamen, wie Napfhans (Jean de la Bolita) in der französischen Schweiz, Hodecken, Hinzelmann, Klopfer, Pück, Stiefel in deutschen Sagen ... Einmal an einen Herrn angeschlossen, weicht er nicht mehr von seiner Seite und fördert dessen Angelegenheiten, wie immer er kann; nur unter gewissen Umständen verläßt er ihn, sonst bleibt er, solange der Herr oder ein Glied der Familie am Leben ist ...», berichten uns die Gebrüder Grimm. Solch ein Kobold läßt in manchen Märchen Gegenstände zurück, die Glück bringen. Sie müssen aber in Ehren gehalten und dürfen nicht verlegt werden, sonst ist das Gegenteil der Fall. Von den Schweizer Herdmanndli und anderen Zwergen der Alpenregion weiß man, daß sie heilkundig sind. Kranken und Verletzten legen sie Kräuter in genau der für die Genesung notwendigen Mischung vor die Tür. In dem Märchen von der «Kastelen Alpe», nachzulesen auf Seite 15, erhält das arme Mädchen ein Kräuterteesträußchen für seine gichtkranke Mutter aus der Hand eines Zwerges. In der isländischen Sage «Vilfridur Völufegri» opfern Zwerge einem Menschen zuliebe sogar ihre eigene Existenz: Die schöne, warmherzige Bauerntochter Vilfridur liegt besinnungslos am Meeresstrand. Nur ein starkes Unwetter, das einen König zwingt, sein Schiff ans Ufer zu bringen, kann das Mädchen erretten. Die Zwerge blasen mit ihren Pfeifen deshalb so stark in die Wellen, bis das Meer sehr unruhig wird. Der König kommt an Land und wirft den Anker nicht weit von der Stelle, an der Vilfridur liegt und er nimmt sich ihrer an. Weiter heißt es: «Und sie wachte auch tatsächlich auf und schaute verwundert drein. Aber bald mußte sie an die Zwerge denken, und sie fragte nun ihren Retter, wohin denn die Zwerge gekommen seien. Der wußte natürlich nichts von Zwergen. Sie erzählte ihm etwas von ihnen und bat ihn, sie zu suchen. Der König erfüllte ihre Bitte, ging ein Stück längs des Strandes und fand die beiden Zwerge mit ihren Pfeifen am Munde tot am Boden liegen. Sie hatten sich offenbar mit ihrem starken Blasen zuviel zugemutet, so daß sie davon gestorben waren. Als der König zu Vilfridur zurückkam und ihr das erzählte, wurde sie sehr traurig. Aber der König versuchte sie zu trösten.» (2)

Über geheime Kunstfertigkeiten der Zwerge, die alles übertreffen was Menschen zu leisten imstande sind, wissen wir aus vielen Sagen. Berühmte Waffen, Rüstungen, Schwerter, in unterirdischen Schmieden gehämmert, stammen von Zwergen mit übernatürlichen Kräften. Wir denken hier an den Zwerg-König Elberich aus der nordischen Mythologie. In der Natursage «Der Weber und die Zwerge», stellen die kleinen Geister des nachts unbeobachtet die herrlichsten Seidengewebe in großer Menge her. Manche Elfen können aus Heidekraut Bier brauen. Ein Elfe nähte einem Bergschäfer ein paar vortreffliche Schuhe in der Zeit, wo dieser eine Mehlsuppe anrührte. In vielen Märchen verhelfen Zwerge aufrechten Menschen zu großen Goldfunden. Man weiß auch, daß sie Feste und übermütige Tanzvergnügungen lieben. Die Musik, die dabei erklingt, ist zauberhaft schön. In Schottland soll es eine Brownie-Zwergenfrau gegeben haben – Brownies sind wohlgewachsenere, artige, zottige, braune Zwerge – die einen großen Überfluß von Haaren auf dem Kopfe hatte, weshalb sie «Haarige Mag» hieß. Die Sorgfalt, womit sie immer unsichtbar den Tisch für die Menschen deckte, war für Fremde und Gäste des Hauses ein unterhaltender und zugleich belustigender Anblick: die Tabletts mit den Speisen und Getränken kamen wie durch die Luft geschwommen und setzten sich mit der größten Geschwindigkeit und Geschicklichkeit auf die Tafel; und an Reinlichkeit und Aufmerksamkeit war ihresgleichen nicht im ganzen Land. Ein Zwerg namens Hinzelmann versteckte geschwind alle Waffen, wenn hitzköpfige Männer in Streit gerieten, denn er wünschte nicht, daß im Hause seines Herrn oder auf dessen Anwesen jemand zu Schaden komme. Eben dieser Hinzelmann war es auch, der seinem Herrn erklärte, «einst werde er sich sichtbar zeigen, jetzt schicke es sich aber noch nicht!» Manche menschliche Eigenschaften sollen den Gnomen zuwider sein. Dazu gehören u.a. Geiz, Kleinkrämerei und übertriebene Sammelleidenschaft.

Von Plagegeistern und Wechselbälgern

Das Zusammenleben mit einem Kobold gestaltet sich in manchen Fällen als sehr kompliziert. Entpuppt er sich nämlich als ein «Plagegeist», so erschreckt er die Gäste und führt allerhand absonderliche Reden, so daß den Hausbewohnern unheimlich zumute wird. Nicht selten versteckt er Gegenstände und Werkzeuge, die man eben noch in den Händen hielt. Dann fühlen sich die Menschen «vom Kobold genarrt». Einen solchen unliebsamen Gast dann wieder loszuwerden, ist nicht einfach. In der Geschichte «Die Kobolde», Seite 16 unternimmt der Schloßherr sogar eine Reise, um seinem eigensinnigen Geist zu entkommen, ein vergebliches Unterfangen, denn dieser fliegt in Form einer weißen Flaumfeder unbemerkt neben der Kutsche her. Von anderen Zwergen wird berichtet, daß sie eine große Freude daran haben, die Leute aneinander zu hetzen, bis sie sich sehr böse in die Haare geraten. Necken und Spotten scheint zu ihrem Wesen zu gehören. Manche rufen einen Menschen mit der Stimme eines anderen, bekannten, beim Namen und verwirren ihn. Andere sitzen beim Essen unsichtbar neben ihm und stehlen ihm unbemerkt Wesentliches aus seiner Nahrung, so daß er zeitlebens unterernährt bleibt. Wer morgens immer mit verfilzten, durcheinander geratenen Haaren zu kämpfen hat, kann sich bei den Elfen «bedanken», die ihm in der Nacht «Elfenknoten» hinein genestelt haben.

Einmal gab es ein Männlein, das im Jahre 856 in Mainz die Priester, welche die Messe sangen, mit Steinen bewarf. Man berichtet auch von Plagegeistern, die den Kühen die Milch aussaugen. Bei diesen mehr oder weniger harmlosen Taten bleibt es jedoch nicht immer. Die Kobolde ihrerseits verzeihen keinen Spott und keine Untreue. Ihre geheimen Kräfte verwenden sie dann nicht selten gegen den Menschen und das kann einen äußerst tragischen Verlauf nehmen. Elfen täuschen andere Existenzen vor, indem sie die Gestalt von schönen Kindern aber auch Toten, Tieren und anderem annehmen. Das Überwinden von großen Entfernungen innerhalb kürzester Zeit ist ihnen möglich ebenso wie das Schauen in die Zukunft. Das alles dient in ungünstigen Fällen dazu, den Menschen zu verängstigen und ihm Schaden zuzufügen. Des weiteren sind sie in der Lage, Feuersbrünste zu entfachen und Erdrutsche in Gang zu bringen. Auch von Kindesraub durch Elfen wird berichtet. Anstelle des Kindes liegt dann ein häßlicher Wechselbalg in der Wiege. In manchen Sagen lesen wir darüber, wie Zwerge Haus und Hof der Menschen zum Niedergang führen und sie in Wahnsinn und Tod treiben. Der letzte Satz in einem Märchen lautet z.B.: «Der Hirte aber wurde ganz tiefsinnig, schlich bleich umher und hat nicht mehr lange gelebt.» Gewarnt wird auch davor, sich Tanzvergnügungen des «Stillen Volkes» hinzugeben. So mancher unternehmungslustige Bursche, der diesen Verlockungen nicht widerstand, tanzte ein ganzes Menschenleben oder noch länger in den unterirdischen Sälen, und meinte, es wäre nur eine Nacht gewesen. Sobald der Zauber nachließ und er wieder in die Wirklichkeit hinaustrat, alterte er in Windeseile und zerfiel vor den Augen der anderen zu Staub. Auch Speisen, die einem von boshaften Zwergen angeboten werden, sollte man tunlichst meiden. Oft sind es hinter schönen Früchten verborgene Giftpflanzen. Die eigentümliche Mischung aus Gut und Böse, List und Aufrichtigkeit entspringt dem unergründlichen, ambivalenten Charakter der Elfen. Menschen sind seit jeher darauf bedacht, sie im Falle einer Begegnung respektvoll zu behandeln oder, besser noch, zumindest manchen von ihnen aus dem Weg zu gehen.

3. Zwergengeschichten aus dem Volksgut

Die folgenden Märchen und Geschichten stammen aus der europäischen Volkspoesie. Was Menschen und Kobolde da erleben, zeigt uns, wie selbstverständlich man vor einigen hundert Jahren miteinander umging. Die Auseinandersetzung mit Naturwesenheiten schien damals fast zum Alltag zu gehören.

Die Geschichten sind nicht für Kinder vor dem Schulalter geeignet. Die Geschichte vom «Pilatus und dem Herdmanndli» sowie «Die Kobolde» sind in manchen Teilen problematisch und sollten Kindern nicht vorgelesen werden.

Der Pilatus und das Herdmanndli (Schweiz)

Überall in der Schweiz gibt es Sagen von Zwergen und Berggeistern, die sich vielfach ähnlich sind. Absonderlich viel Redens ist von dem hohen Berge Pilatus und den Zwergen, die sonst in seinem Geklüft wohnten, die heißen Herdmanndli. Der Pilatus heißt auf welsch Fraxmont, auf lateinisch mons pileatus, Hutberg, weil im Land die bekannte Rede geht:

Hat der Pilatus einen Hut,
So steht das Wetter gut.

Aber es geht die Sage, daß nach Christi Tod und Auferstehung der römische Landpfleger Pilatus in dieses Land gezogen sei, oder gar, daß der Satan seinen Leichnam hergetragen habe. Da habe er am Berge den ungeheuerlichen See gefunden, der hat weder Zu- noch Abfluß und ist wegen der unergründlichen Tiefe schwarz und gräßlich anzusehen, ein unheimlicher Moorgrund. In diesen See habe sich der römische Landpfleger gestürzt, weil sein Gewissen ihn fort und fort gepeinigt, andere sagen, der Teufel habe ihn hineingesteckt.

Die Herdmanndli wohnten vielfach in der Pilatushöhle, die hoch oben liegt, tief und schaurig. Sie waren den Menschen gut und hilfreich, «gespäßige Lüet (Leute)», wie die Hirten sagen; sie verrichteten nachts der Menschen Arbeit, kamen vom Berg auch herunter in die Täler, schafften und ackerten redlich, und ein Herdmanndli konnte mehr verrichten als zehn Meister mit allen Knechten. Aber sehen ließen sich die Manndli wunderselten, und auch da hatten sie lange, graue Kutten an, die bis auf die Erde reichten, daß man nimmer ihre Füße sah. Sie kamen wohl auch und begehrten Speise, liebten insonderheit das Schweinefleisch, und wer ihnen gab, hatte es gut und erfreute sich ihrer Gunst. Wenn ihnen die Sennerinnen etwas Milch beiseite stellten, so melkten und fütterten sie und waren ganz heimisch bei den Mägden; sie konnten auch wahrsagen aus Karten und Händen und waren geschickt zu allen Dingen, aber erzürnen durfte man sie nicht. Wem sie im Sommer beim Heu halfen, der konnte zufrieden sein, sie mehrten das Heu wunderbar. Manchmal sahen sie auch dem Heuen zu und halfen nicht. Einstmals verdroß das einen Heuer, der machte mit noch einem Kameraden, bevor die Arbeit anging, ein Feuer auf den Felsstein, darauf die Herdmanndli zu sitzen und zuzusehen pflegten, und kehrten dann geschwind Asche und Kohlen vom heißen Stein weg. Als die Manndli kamen und den Stein betraten, verbrannten sie sich ihre Füße. Da schrien sie überlaut: «O böse, böse Welt!» und kamen nimmermehr wieder.

Einem Hirten, der einen reichtragenden Kirschbaum oben am Berge hatte, pflückten die geschäftigen Zwerglein die Kirschen ab und brachten sie zum Trocknen auf die Hürden, daß hernach gutes Kirschwasser gebrannt werden konnte. Der Hirt war neugierig, zumal wollte er gern die Füße der Herdmanndli sehen. Er streute Asche rings um den Baum, als die Früchte im nächsten Jahr wieder reiften. Die Herdmanndli kamen, pflückten redlich die Kirschen ab, und am Morgen sah der Hirt ihrer Füßlein Spur in der Asche. Es waren lauter kleine Gänsefüße. Der Hirt lachte und sagte es freudig seinen Genossen, daß er nun wisse, was für Füße die Herdmanndli haben. Die Zwerge ergrimmten, zerbrachen des Hirten Dach und Fach, versprengten seine Herde, zerknickten den Kirschbaum Ast um Ast, und keines kam jemals wieder herunter, dem Menschen hilfreich zu sein. Sie blieben droben in ihrer tiefen Höhle und in ihrem Geklüft wohnen. Der Hirte aber wurde ganz tiefsinnig, schlich bleich umher und hat nicht mehr lange gelebt.

Sammlung Ludwig Bechstein

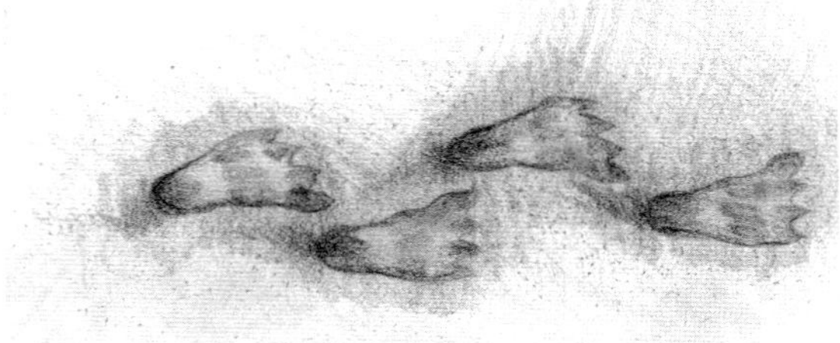

«Magst den Käs mit heimnehmen und deiner Mutter von den Kräutern einen Tee kochen, sollst nicht mehr hilflos weinen», sagte das Herdmanndli.

Kastelen- Alpe (Schweiz)

Auf der Kastelen-Alpe wohnte ein reicher Bauer, der hatte viele Herden und Matten. Drunten in Kriens hatte er eine arme Muhme; die war Witwe und hatte nur eine einzige Tochter. Sie nährten sich sehr kümmerlich, und die Muhme lag schwer an der Gicht darnieder. Eines Tages entschloß sich das Maidli, hinauf auf die Alp zum reichen Vetter zu gehen und ihn um eine Unterstützung zu bitten.

Als sie auf der Alpe ankam, stieg ein schreckliches Gewitter am Himmel auf. Ihr aber wurde kein Trost und keine Gabe bei dem reichen Vetter, sondern nur Hohn und Scheltworte. Sie ließen droben auch trotz des drohenden Wetters das Mägdlein wieder fortgehen. Das kam tüchtig in das Wetter und erreichte mit Not die Hütte eines Sennen. Das war ihr Bub Aloys, der hatte noch einen kleinen Käs, den gab er ihr für sie und ihre Mutter.

Raschen Schrittes eilte die Dirne abwärts. Da glitt sie auf der glatten Trift aus, fiel hin, und der Käs rollte in die Tiefe, unaufhaltbar in unzugängliche Felsklüfte. Weinend und kummervoll schaute die arme Dirne dem wegrollenden Käse nach. Da faßte etwas ihre Hand. Sie erschrak zu Tode, denn bei ihr stand so ein klein-winziges graues Herdmanndli; das hatte auf seiner Schulter das verlorengegangene Stückchen Alpenkäse, etwa so groß wie ein Viertelmühlstein, und in der Hand ein Büschel Kräuter, und sagte:

«Magst den Käs mit heimnehmen und deiner Mutter von den Kräutern einen Tee kochen, sollst nicht mehr hilflos weinen.»

Hoch droben im Gebirge aber tobte das Unwetter noch fort, über alle Maßen greulich. Es war ein Donnern, Tosen und Krachen, als ginge die Welt unter. Als das Maidli zu seiner Mutter zurückkam, war der Käs ein Stück schweres Gold geworden, und von dem Kräutertee wurde die Mutter wieder ganz gesund. Über die Kastelen-Alp aber hatte sich im Gewitter ein Bergsturz geschüttet, die Matten verwüstet, die Herden erschlagen, und ein Stein, etwa so groß wie ein Alpenkäs, hatte dem geizigen Vetter einen Fuß abgeschlagen.

Später ist er dann zu seiner Muhme Haus gehinkt gekommen und hat gebettelt.

Sammlung Ludwig Bechstein

Die Klabautermännchen (Holland)

Was im höheren Norden die Trollen, in Deutschland die Hinzchen, Heinzelmännchen, Hütchen sind – die Zwerge und zwergenhaften Erdgeister – das sind in Holland die Klabautermännchen, Kaboter- oder Kaboutermannekens; sie wohnen in Höhlen und sind oft hilfreich, den Menschen gut gesinnt und dankbar.

Beim Dorfe Gelrode liegt ein Kabouterberg; darin wohnten die Mannekens, nahe bei einer Mühle. Sie schärften dem Müller die Mühlsteine und wuschen sein Linnen, wenn er ihnen nur ein Butterbrot und ein Glas Bier zur Nacht hinstellte. Ein anderer Müller im Kämpner Lande fand, wenn er zufällig etwas von seinem Butterbrote liegen ließ, des Morgens lange Zeit alle Arbeit in der Mühle getan, die er für den anderen Tag vorbereitet hatte. Er wußte, daß in der Nähe Klabautermännchen hausten, deshalb versteckte er sich einmal hinter die Säcke und sah richtig in der Nacht ein solches Männchen alles mit ungeheurer Kraft und Schnelligkeit tun, und dabei verzehrte es das Restchen Butterbrot. Das Manneken war ganz nackt. Das tat dem Müller leid; er bestellte ihm beim Schneider ein Kleidchen nach ungefährem Maß und legte

es ihm hin und ein großes Butterbrot daneben. Dann verbarg sich der Müller. Das Klabautermännchen kam, tat einen Freudensprung, aß schnell das große Butterbrot, zog das Kleidchen an, verschwand und kam nimmer wieder. Nun wußte aber der Müller, daß die Klabautermännchen jeden Abend über einen Steg am Mühlbach schritten, und da lauerte er ihnen auf. Als sie kamen waren alle nackt, und er ließ sie vorüber gehen, bis das letzte kam, welches der Müller gekleidet hatte. Nach diesem langte er und rief:

«Hab ich dich?»

Da schrie es «Hilfe! Hilfe!» aus dem Mühlbach mit der Stimme von des Müllers Frau; der Mann erschrak, sah sich um, glitt vom Stege ab und plumpste hinunter in das Wasser. Die Klabautermännchen aber verschwanden und kamen niemals wieder.

Ein anderer Klabautermannekensberg liegt zwischen Tournhout und Casterle. Die darin wohnten, waren aber böse von Natur. Anderswo gibt es hingegen viele gute Manneken, und wer sich mit ihnen versteht, dem dienen sie gern und oft. Häufig aber üben sie auch Tücke, besonders gegen solche, die ihnen nicht gut gesinnt sind: Sie verderben die Butter, saugen die Kühe aus und treiben mannigfachen Spuk und Schabernack. Sie werden auch Rotmützchen und Klabbers genannt.

Ein armer Bauernbursche liebte ein reiches Mädchen und sie auch ihn, aber der Vater sagte nein. «Wer nicht tausend blanke Gulden besitzt und aufzählt, wird nicht mein Schwiegersohn», sagte er. Der arme Bursche schlich traurig heim. Er mochte seine Barschaft gar nicht zählen, denn er hatte nicht hundert Batzen, geschweige denn tausend Gulden. Er ging hinaus in Feld und Busch und dachte: «Was liegt am Leben, wenn es nicht Liebe krönt? Willst's abwerfen!»

Siehe, da stand ein Klabautermännchen vor ihm, wie hergeschneit oder aus dem Boden herausgewachsen, und fragte ihn:

«Was fehlt dir?»

Da klagte ihm der Bursche sein Leid.

«Wenn's weiter nichts ist», sagte der Klabautermann, «zähle doch nur erst einmal dein Geld.»

«Ich hab's gezählt, es langt nimmer.»

«Hast nur nicht recht gezählt, geh, zähl noch einmal, es muß treffen!»

Der Bursche ging, halb ungläubig, halb hoffend; er zog seine kleine Habe hervor und begann zu zählen. Er zählte und zählte und zählte immerfort, bis tausend Gulden voll waren, und da war's alle, nicht einer darunter, nicht einer darüber. Welch ein Glück! Er rannte wieder ins Feld hinaus, er wollte danken, er rief:

«Kaboutermänneken! Kaboutermänneken!»

Ja, guten Morgen, da war kein Kaboutermänneken weder zun hören noch zu sehen.

Nun lief er heim, hob und schleppte seinen Schatz zum reichen Bauern hin, zählte ihm die blanken Gulden vor, bekam des Mädchens Hand und des Alten Segen und wurde ein glücklicher Mann.

Die Kobolde (Deutschland)

Im nordwestlichen und südlicheren Deutschland hausen die Kobolde, denen der Namen gar viele und mannigfaltige zugeteilt worden sind. Ihre Verrichtung ist fast überall dieselbe: Haus-, Küchen-, Boden-, Keller- und Stalldienstleistung. Ihr Lohn ist ein Schüsselchen mit Essen oder Milch.

Aller Kobolde Kobold aber war der vielberufene Hinzelmann.

Im Lüneburger Land auf dem Schlosse Hudemühlen über der Aller begann man im Jahre 1584 zuerst einen Poltergeist zu spüren, der seine Anwesenheit durch allerlei Pochen und Lärmen kundgab. Dabei aber ließ er es nicht lange bewenden, sondern er begann zu reden und zu sprechen, erst mit dem Gesinde, dann auch mit dem Schloßherrn, endlich auch mit fremden Gästen.

Im Anfang kam es allen sehr grauslich vor, unverhofft eine Stimme bei sich im Zimmer oder in der Küche reden zu hören und doch keinen Redenden zu sehen. Da aber diese Stimme mild und fein war wie die eines Kindes, und weil der Spukgeist niemand beleidigte, vielmehr oft lachte, Kurzweil trieb und auch sang, so gewöhnten sich die Schloßgenossen allmählich an ihn, so daß sie sich nicht mehr fürchteten und graulten, ja an ihn die Frage wagten, wer und woher er sei, wie er heiße und was er gerade auf Hudemühlen zu schaffen habe? Darauf erwiderte er, daß er vom böhmischen Gebirge komme, dort sei seine Gesellschaft, die möge ihn aber nicht leiden und deshalb sei er ausgewandert, bis sich seine Sachen in der Heimat besserten. Er heiße Hinzelmann, auch Lüring, und habe eine Frau, die heiße Hille Bingels, von der er jetzt getrennt lebe. Einst werde er sich auch sichtbar zeigen, jetzt schikke es sich aber noch nicht. Und er sei ein so guter und ehrlicher Hausgeist als irgendeiner und besser als viele andere.

Das war nun dem Schloßherrn und dem Gesinde auf Hudemühlen verwunderlich anzuhören und ganz unheimlich, mit so einem wunderseltsamen Gesellen zusammenzuleben, der nicht daran dachte, sobald wieder abzuziehen. Da dachte der Schloßherr: du willst ihm aus dem Wege gehen! Er ließ deshalb den Reisewagen richten und fuhr nach Hannover zu. Auf der stillen, öden, menschenleeren Strecke zwischen Essen und Brockhof sahen Kutscher und Diener fort und fort eine kleine weiße Flaumfeder neben dem Wagen herfliegen und wußten gar nicht, wie es zugehe, daß diese Feder immer den Wagen begleitete.

Als nun der Schloßherr eine Nacht in Hannover zugebracht hatte, war seine goldene Halskette fort. Er machte deshalb Lärm und beschuldigte die Leute im Hause des Diebstahls. Der Wirt aber nahm sich seiner Leute an und verlangte Beweis und Genugtuung. Tief verstimmt darüber saß der Schloßherr auf seinem Zimmer, da fragte es neben ihm:

«Warum bist du traurig? Wohl wegen der Kette, die dir fehlt?»

«Wie? Du bist hier, Hinzelmann? Mir gefolgt? Und warum? Wo ist die Kette?»

«Sahst du nicht die weiße Feder, die neben deinem Wagen flog?» fragte der Geist. «Das war ich, und ich folgte dir zu deinem Besten! Die Kette hast du gestern abend selbst unter deinem Hauptkissen verborgen.»

Und richtig, es war so. Dem Schloßherrn war zwar lieb, daß die Kette wieder da war, aber daß Hinzelmann da war, das war ihm nicht im mindesten lieb. Er zürnte mit dem Geist und beschloß, wieder nach Schloß Hudemühlen zurückzureisen, weil er dem Kobold ja doch nicht entgehen konnte und dieser sich an seine Person zu hängen schien.

Auf dem Schloße Hudemühlen verwaltete nun Hinzelmann den Küchendienst in musterhafter Weise. Er spülte ab, kehrte, scheuerte, putzte, hielt Knechte und Mägde zum Fleiße an und teilte wohl auch nötigenfalls Maulschellen aus. Er pflegte auch die Rosse, wusch, kämmte, striegelte sie, so daß sie an Schönheit zunahmen und glatt und glänzend aussahen wie die Aale. Hoch im Oberstock des Hauses Hudemühlen hatte sich Hinzelmann ein Kämmerchen zur Wohnung ausersehen. Darin hatte er einen kleinen runden Tisch, einen Sessel, dessen Sitz das zierlichste Strohgeflecht war, das man sich denken konnte, und das er selbst kunstreich verfertigte. Auch gab es dort eine kleine Bettstatt, die aber nie zerwühlt war. Nur ein Grübchen, wie es etwa eine Katze macht, wenn sie sich auf ein Bett legt, fand sich jeden Morgen darin. Auf das Tischchen kam eine Schüssel süße Milch mit Semmelbröckchen, das leckte und schleckte der Hinzelmann so rein aus wie ein Kätzlein. Bisweilen speiste der Geist auch mit an der Tafel, wo immer ein Gedeck für ihn bereit gehalten wurde.

Hinzelmann war gern fröhlich mit den Fröhlichen, sang Reimverschen und Scherzlieder, doch nie eins, das unehrsam gewesen wäre, neckte gern, doch ohne Tücke, und hatte wohl seine Freude daran, wenn das Gesinde aneinander geriet, hetzte auch wohl ein wenig zu und ließ die Schläge, die es dann gegenseitig setzte, bis zu roten Striemen und blauen Flecken gedeihen, aber nicht weiter, so daß Gesundheit und Leben nicht litten. Wenn die Gäste einander in die Haare gerieten und ihre Waffen ziehen wollten, konnten sie die Degen nicht aus den Scheiden bringen, oder es fand sich kein tödliches Gewehr, weil der Hinzelmann alles versteckt hatte. Der Geist hielt sich auch zum christlichen Glaubensbekenntnis, wenn er auch oft bei dessen Hersagung mit leiser und heiserer Stimme über manches hinwegglitt; er sang auch geistliche Lieder mit feiner klarer Stimme. Genug – es war ein sehr wunderlicher Geist.

Weil der Schloßherr wiederholt in Hinzelmann drang, sich ihm doch einmal zu zeigen oder sich mindestens anfühlen zu lassen, so gab Hinzelmann auf langes Drängen und Bitten endlich nach und sagte: «Da ist meine Hand.»

Der Schloßherr faße hin, und es war ihm, als fühle er die Finger einer kleinen kalten Kinderhand, und blitzschnell zog der Geist sie wieder zurück. Als nun der Herr auch bat, sein Antlitz befühlen zu dürfen, und Hinzelmann es zugab, tastete der Herr an einen kleinen, kalten Schädel, der ihm fleischlos zu sein schien; ehe er aber deutlich fühlen konnte, war der Kopf zurückgezogen.

So gab auch die Köchin keine Ruhe mehr, sie wollte den Hinzelmann durchaus einmal sehen. Er sagte ihr aber immer, es sei noch nicht an der Zeit, sie würde ihren Vorwitz bitterlich bereuen. Sie ließ aber nicht nach, ihn zu drängen, bis ihr endlich Hinzelmann sagte, sie möge anderntags vor Sonnenaufgang hinab in den Keller kommen, aber in jeder Hand einen Eimer Wasser mit hinunterbringen. Das dünkte ihr ein seltsames Verlangen, aber ihre große Neugier überwog jedes Bedenken. Sie ging in den Keller und brachte das Wasser mit. Erst sah sie gar nichts, endlich aber fielen ihre Augen auf eine Mulde in der Ecke, und da lag ein nacktes, totes Kind. Über diesen Anblick entsetzte sich die Magd so sehr, daß sie laut aufschrie und ohnmächtig niederstürzte. Da nahm der Geist die Wassereimer und goß ihr den Inhalt über den Kopf, einen nach dem anderen. Nun kam sie wieder zu sich, sah die Mulde und das Kind nicht mehr und hörte nur Hinzelmanns Stimme:

«Siehst du? Ohne das Wasser wärst du hier im Keller gestorben und nicht wieder zu dir gekommen!»

So ungern und so wenig Hinzelmann sich Erwachsenen zeigte, und dann meist schrecklich, so gern gesellte er sich sichtbar als ein schönes Kind unter Kinder, spielte mit ihnen, hatte gelbes Lockenhaar bis über die Schulter hängen und ein rotes Samtröcklein an. Wenn aber Erwachsene seiner gewahr wurden, schwand er sogleich aus dem Kinderkreise hinweg.

Als der Geist vier Jahre lang auf Hudemühlen zugebracht hatte, schied er freiwillig und verehrte noch vor dem Scheiden dem Schloßherrn dreierlei Andenken. Das war ein kleines Kreuz von Seide geflochten, fingerlang

und inwendig hohl. Es gab einen Klang von sich, wenn man es schüttelte. Dann einen sehr kunstvoll geflochtenen Strohhut und endlich einen ledernen Handschuh mit Perlenstickerei in wunderbaren Figuren. Solange diese Stücke in guter Verwahrung beisammenblieben, solle des Hauses Geschlecht blühen und wachsen, wenn man sie aber mißachtet und verzettelt, so würde das Gegenteil stattfinden.

Hinzelmann schied im Jahre 1588 von Hudemühlen und soll hernach zu Estrup, auch im Lande Lüneburg, seinen Aufenthalt genommen haben.

Die kleinen Schuhe (Irland)

«Nun sagt mir, Marie», sprach Herr Cote zu Marie Cogan, als er ihr eines Tages auf der Straße, gerade auf dem alten Torweg von Kilmallock begegnete, «habt Ihr je etwas von einem Cluricaun gehört?»

«Von einem Cluricaun? Das mein' ich, und mehr als einmal; wie oft habe ich meinen Vater, Ruhe seiner Seele!, davon erzählen hören, eine Geschichte nach der andern.»

«Aber habt Ihr selbst niemals einen gesehen, Marie?»

«Nein, ich selbst mein Lebtag nicht; aber mein Großvater, meines Vaters Vater, ja, der hat einmal einen gesehen, sogar in den Händen gehabt.»

«In den Händen gehabt! Ei, Marie, das müßt Ihr mir erzählen.»

«Gerne will ich das tun. Seht, mein Großvater war draußen im Moor gewesen, hatte Torf heimgefahren, und der arme alte Gaul war von seinem Tagewerk müde, und der alte Mann war hinaus in den Stall gegangen, um nach ihm zu sehen, ob er sein Futter gefressen habe. Und als er zu der Stalltür kam, hörte er etwas hämmern und hämmern, ganz genau so, als wenn ein Schuster Schuhe macht und dabei ein so hübsches Liedchen pfeifen, wie er sein Lebtag noch keins gehört hatte. Mein Großvater, der dachte gleich, das ist ein Cluricaun, und sprach zu sich selbst und sagte: Wenn's geht, so fange ich ihn, und dann habe ich Geld genug, so lange ich lebe. Er öffnete die Türe sachte, sachte, und machte nicht so viel Lärm als eine Katze, die nach der Maus schleicht; er schaute sich überall um, es war aber von dem kleinen Männchen nichts zu sehen, und doch hörte er, wie es hämmerte und pfiff. Da schaute er und schaute, bis er endlich den kleinen Gesellen sah, und denkt, er saß in der Gurt unter der Stute. Er hatte ein kleines Schurzfell um, den Hammer in der Hand und eine kleine rote Nachtmütze auf dem Kopf und machte Schuhe. Er war so mit seiner Arbeit beschäftigt, hämmerte und pfiff so laut, daß er meinen Großvater gar nicht bemerkte, bis ihn dieser fest mit der Hand packte. «Jetzt habe ich Euch», rief er, «und ich sage Euch, ich lasse Euch nicht eher los, als bis ich Euern Geldbeutel habe, der ist jetzt mein, nur gleich heraus damit.» «Halt, halt!» sagte der Cluricaun, «ich will ihn holen.» Mein Großvater, denkt Euch, ist so ein Narr und öffnet seine Hand ein wenig, und der Kleine hüpft lachend fort, und er sah ihn niemals wieder, noch weniger etwas von dem Geldbeutel; nur den kleinen Schuh, an dem er arbeitete, hatte der Cluricaun zurückgelassen. Mein Großvater war über sich selbst ärgerlich genug, daß er ihn hatte entschlüpfen lassen; den Schuh behielt er, so lange er lebte, und meine eigene Mutter hat mir erzählt, daß sie ihn oft genug gesehen und in der Hand gehabt, und daß es der niedlichste Schuh gewesen, den ihre Augen jemals erblickt hätten.»

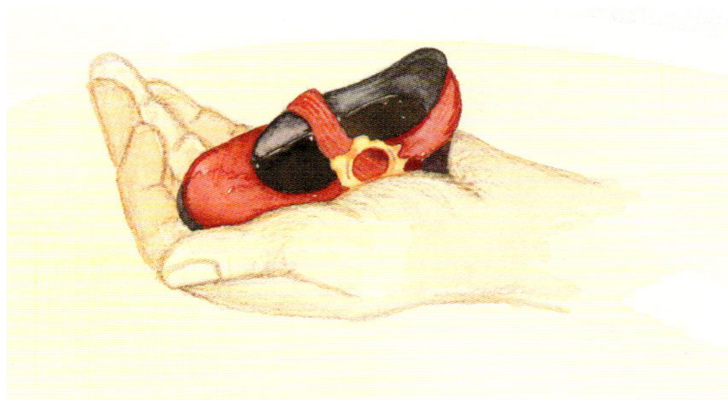

«Und habt Ihr ihn auch gesehen, Marie?»
«Lieber Himmel, nein, das war lange, ehe ich auf die Welt kam, doch meine Mutter hat mir oft genug davon erzählt.»

Der Drescher und der Zwerg (Deutschland)

In der Burgscheuer zu Schweckhausen droschen einmal zwei Drescher Erbsenfrucht auf der Tenne aus; die Schoten waren groß und ausgiebig, und nach dem Ausdreschen worfelten sie die Erbsen, aber als sie bald fertig waren, sahen sie, daß es kein Haufen wurde. Die Erbsen flogen wohl durch die Luft, und die Spreu fiel nieder, aber auf die Tenne kamen keine Erbsen. – «Höre, das geht nicht mit rechten Dingen zu», sagte der eine Arbeiter zum andern, und der erwiderte: «Da hat der Kuckuck sein Spiel», und warf seine Wurfschaufel in die Höhe nach der Stelle hin, wohin sie die Erbsen geworfen hatten. Mit einem Male stand ein Zwerg sichtbar vor ihnen, der hatte einen großen Sack aufgesperrt, und dahinein waren alle Erbsen geflogen. Durch den Schaufelwurf aber war dem Zwerg die Nebelkappe vom Kopf gestreift, daher war er nun sichtbar geworden. Rasch fuhr der Knecht zu, nahm die Kappe weg, und der andere griff nach seinem Dreschflegel, um auf den Zwerg loszuschlagen. Der aber flüchtete eilend von dannen, ließ den Sack mit Erbsen zurück und auch seine Nebelkappe. Die ist hernach noch lange im Schloß aufbewahrt worden, und die Herren haben damit viel Kurzweil getrieben.

Sammlung Ludwig Bechstein

Die Strafe des Zwerges (Alpensage)

Der Ort Schillingsdorf im Grindelwaldtal wurde vor langen Jahren durch einen Bergsturz verschüttet, wobei alles Leben zugrunde ging. Wie sich dies damals ereignete, davon wird heute noch erzählt:

Bei Sturm und Regen kam ein Zwerg durch ein Dörfchen. Er war ganz durchnäßt, wanderte an seinem Stab von Hütte zu Hütte und klopfte an die Türen, aber niemand erbarmte sich seiner und wollte ihm aufmachen, ja sie verhöhnten ihn noch obendrein.

Am Rande des Dorfes jedoch wohnten zwei arme, gutherzige Leute, Mann und Frau, und auch zu deren Behausung schleppte sich müde und matt das Zwerglein hin. Bescheiden klopfte es dreimal ans Fenster. Der alte Mann machte ihm sogleich auf und bot dem Gast gern und willig das Wenige an, das er im Hause hatte.

Die alte Frau trug Brot, Milch und Käse auf, doch nur ein paar Tropfen Milch trank das Zwerglein und aß ein paar Bröcklein von Brot und Käse. «Ich bin's eben nicht gewohnt», sprach es, «so derbe Kost zu essen, aber ich danke euch von Herzen, und Gott lohn's euch; doch jetzt bin ich ausgeruht und will weitergehen.»

«Gott bewahre», rief da die Frau. «Ihr werdet doch in der Nacht nicht in dieses Unwetter hinausgehen! Nehmt mit einem Bettlein vorlieb und schlaft euch aus.»

Aber das Zwerglein schüttelte den Kopf und sagte: «Droben auf der Fluh, auf der Felswand, habe ich allerhand zu tun und darf nicht länger ausbleiben. Morgen werdet ihr an mich denken.» Damit nahm es Abschied, und die Alten legten sich zur Ruhe.

Aber der anbrechende Tag weckte sie auf mit Sturm

und Unwetter, Blitze fuhren am roten Himmel hin, und Ströme von Wasser ergossen sich auf die Erde. Da löste sich oben am Joch der Fluh ein gewaltiger Fels, polterte zum Dorf hinunter und riß Bäume, Stämme und Erde mit sich. Menschen und Vieh, überhaupt alles, was im Dorf lebte, wurde begraben und getötet. Schon waren die Wogen bis zur Hütte der beiden Alten gedrungen. Zitternd und bebend standen sie an der Tür. Da sahen sie mitten im tobenden Strom ein großes Felsstück näherkommen, und obendrauf hüpfte lustig das Zwerglein und ruderte mit einem mächtigen Fichtenstamm. Der Fels staute das Wasser und hielt es von der Hütte ab, so daß sie keinen Schaden nahm. Dann wurde das Zwerglein immer größer und größer und wurde zuletzt zu einem Riesen, der plötzlich wie eine Nebelschwade zerfloß. Die zwei Alten aber fielen in die Knie und dankten Gott für ihre Errettung.

Der Klabotermann von Heinrich Heine

Heinrich Heine berichtet hier von einem Gespräch zwischen ihm und einem Steuermann während einer Seereise: «Als ich nun fragte: wer der Klabotermann sei? Antwortete der Erzähler sehr ernsthaft: «Das ist der gute, unsichtbare Schutzpatron der Schiffe, der da verhütet, daß den treuen und ordentlichen Schiffern Unglück begegne, der da überall selbst nachsieht und sowohl für die Ordnung wie für die gute Fahrt sorgt.» Der wackere Steuermann versicherte mit etwas heimlicherer Stimme, ich könne ihn selber sehr gut im Schiffsraume hören, wo er die Waren gern noch besser nachstaue, daher das Knarren der Fässer und Kisten, wenn das Meer hoch gehe, daher bisweilen das Dröhnen unserer Balken und Bretter; oft hämmere der Klabotermann auch außen am Schiffe, und das gelte dann dem Zimmermanne, der dadurch gemahnt werde, eine schadhafte Stelle ungesäumt auszubessern; am liebsten aber setze er sich auf das Bramsegel, zum Zeichen, daß guter Wind wehe oder sich nahe. Auf meine Frage, ob man ihn nicht sehen könne?, erhielt ich zur Antwort, nein, man sähe ihn nicht, auch wünsche

keiner ihn zu sehen, da er sich nur dann zeige, wenn keine Rettung mehr vorhanden sei. Einen solchen Fall hatte zwar der gute Steuermann noch nicht selbst erlebt, aber von andern wollte er wissen, den Klabotermann höre man alsdann vom Bramsegel herab mit den Geistern sprechen, die ihm untertan sind; doch wenn der Sturm zu stark und das Scheitern unvermeidlich würde, setze er sich auf das Steuer, zeige sich da zum ersten Mal und verschwinde, indem er das Steuer zerbräche - diejenigen aber, die ihn in diesem furchtbaren Augenblick sähen, fänden unmittelbar darauf den Tod in den Wellen.

Elfenlied

Bei Nacht im Dorf der Wächter rief:
Elfe!
Ein ganz kleines Elfchen im Walde schlief –
Wohl um die Elfe! –
Und meint, es rief ihm aus dem Tal
Bei seinem Namen die Nachtigall,
Oder Silpelit hätt ihm gerufen.
Reibt sich der Elf die Augen aus,
Begibt sich vor sein Schneckenhaus,
Und ist als wie ein trunken Mann,
Sein Schläflein war nicht voll getan,
Und humpelt also tippe tapp
Durchs Haselholz ins Tal hinab,
Schlupft an der Mauer hin so dicht,
Da sitzt der Glühwurm, Licht an Licht.
Was sind das helle Fensterlein?
Da drin wird eine Hochzeit sein:
Die Kleinen sitzen beim Mahle,
Und treibens in dem Saale.
Da guck ich wohl ein wenig nein!
– Pfui, stößt den Kopf an harten Stein!
Elfe, gelt, du hast genug?
Gukuk! Gukuk!

Eduard Mörike

4. Elementarwesen aus geisteswissenschaftlicher Sicht

Mit Auszügen aus Vorträgen Rudolf Steiners

Vorausschickend muß angemerkt werden, daß, wenn von Elementarwesen gesprochen wird, nur jene gemeint sein können, die den vier Elementen der Natur zugeordnet sind: Gnomen (Erde), Undinen (Wasser), Sylphen (Luft) und Salamander (Feuer). Darüberhinaus gibt es aber noch eine Vielzahl mehr oder weniger vergleichbarer Wesen die in anderen Bereichen tätig sind und mit den menschlichen Gedanken und Emotionen verbunden sind. Die Bezeichnung «Geister» ist problematisch, handelt es sich hier doch um Wesenheiten, die über keinen Geist verfügen, der unabhängig von der materiellen Welt existieren könnte. Insofern gibt es eigentlich keine Bezeichnung, die allen Mitgliedern dieser vielgestaltigen Welt gerecht würde. In dem Zusammenhang sollten der Vollständigkeit halber jene Wesen erwähnt werden, die Rudolf Steiner Phantome, Spektren und Dämonen nennt und die man unter dem Begriff «Gespenster» zusammenfassen könnte. Da sie mit unserem Thema weniger zu tun haben, wird hier nicht weiter auf sie eingegangen.

Veranschaulichungen einer geistigen Wirklichkeit

Rudolf Steiner schreibt in seinem Buch «Theosophie» (5) über die Elementarwesen folgendes:

«... Diejenigen welche geistiges Anschauungsvermögen haben, nehmen aber solche Wesen wahr und können sie beschreiben. Zu den niedrigeren Arten solcher Wesen gehört alles, was die Wahrnehmer der geistigen Welt als Salamander, Sylphen, Undinen, Gnomen beschreiben. Es sollte nicht gesagt zu werden brauchen, daß solche Beschreibungen nicht als Abbilder der ihnen zugrunde liegenden Wirklichkeiten gelten können. Wären sie dieses, so wäre die durch sie gemeinte Welt keine geistige, sondern eine grob-sinnliche. Sie sind Veranschaulichungen einer geistigen Wirklichkeit, die sich eben nur auf diese Art, durch Gleichnisse, darstellen läßt. Wenn derjenige, der nur das sinnliche Anschauen gelten lassen will, solche Wesenheiten als Ausgeburten einer wüsten Phantasie und des Aberglaubens ansieht, so ist das durchaus begreiflich. Für sinnliche Augen können sie natürlich nie sichtbar werden, weil sie keinen sinnlichen Leib haben. Der Aberglaube liegt nicht darin, daß man solche Wesen als wirklich ansieht, sondern das man glaubt, sie erscheinen auf sinnliche Art. – Wesen solcher Form wirken an dem Weltenbau mit, und man trifft mit ihnen zusammen, sobald man die höheren, den leiblichen Sinnen verschlossenen Weltgebiete betritt. Abergläubisch sind nicht diejenigen, welche in solchen Beschreibungen die Bilder geistiger Wirklichkeiten sehen, sondern diejenigen, welche an das sinnliche Dasein der Bilder glauben, aber auch diejenigen, welche den Geist ablehnen, weil sie das sinnliche Bild ablehnen zu müssen vermeinen.»

Wir sehen nur ein mittleres Streifband

In einem Vortrag sagt Rudolf Steiner zum selben Thema folgendes:

«Gewiß haben die Wesenheiten, die wir Gnomen und Kobolde nennen, einen physischen Leib. ... Sie haben drei Prinzipien, die unter dem physischen Leib liegen, die da bewirken, daß ihr physischer Leib viel weniger sichtbar sein kann als der physische Leib des Menschen. Die unter dem physischen Plan gelegenen Kräfte dieser Wesenheiten machen es, daß auch das, was das Prinzip des physischen Leibes ist, nie für gewöhnliche Augen physisch sichtbar sein kann. ... Von aller Materie ist nur ein mittleres Streifband sichtbar, gerade das, was die physische Materie ausmacht, die mit physischen Augen gesehen wird.»

An anderer Stelle dieses Vortrags heißt es:

«Da gibt es verschiedene Wesenheiten, die an den verschiedensten Orten der Erde vorhanden sind. So zum Beispiel sehen Sie, wenn Sie namentlich in solche Tiefen der Erde kommen, die nie durchwachsen, nie durchsetzt waren von lebendigen Wesen, von lebenden Gewächsen, also zum Beispiel Stellen in einem Bergwerk, die immer mineralischer Natur waren. Wenn Sie da das metallische oder gesteinsartige Erdreich heben, so finden Sie da Wesenheiten, die sich zunächst in merkwürdiger Weise bemerkbar machen, wie wenn etwas zerstieben würde. Es zeigt sich uns, daß sie in einer ungeheuren Menge zusammengekauert waren, und wenn das Erdreich freigelegt wird, bersten sie gleichsam auseinander. Und das ist das Wesentliche, daß sie nicht nur auseinanderbersten, auseinanderfliegen, sondern auch in ihrer eigenen Leiblichkeit größer werden. Sie sind ja, wenn sie auch ihre größte Größe erreicht haben, immer noch kleiner als die Menschen. Der heutige aufgeklärte Mensch kennt diese Wesenheiten nicht. Aber solche Menschen, die noch einen gewissen Natursinn, das heißt, eine gewisse hellseherische Kraft sich bewahrt haben, die alle Menschen einmal gehabt haben und die verloren gehen mußte durch die Eroberung des äußeren, gegenständlichen Bewußtseins, solche Menschen könnten Ihnen sehr wohl von diesen Wesen erzählen, und sie haben diesen Wesen die verschiedensten Namen gegeben, Kobolde, Gnomen und so weiter. Diese Wesenheiten unterscheiden sich von dem Menschen dadurch, daß sie nicht so wie der Mensch sichtbar sind in ihrer Leiblichkeit, und auch noch ganz wesentlich dadurch, daß ihnen vernünftigerweise niemals irgendeine moralische Verantwortlichkeit zugesprochen werden könnte. Das also, was man beim Menschen moralische Verantwortlichkeit nennt, haben sie nicht. Was sie tun, tun sie wie automatisch. Dabei ist aber das, was sie tun, durchaus nicht unähnlich dem, was zum Beispiel der menschliche Verstand tut, die menschliche Intelligenz. Sie haben sogar im höchsten Grade das, was man «Witz» nennt, und wer mit ihnen in Berührung kommt, kann gute Proben ihres Witzes verspüren, weil sie dem Menschen allerlei Schabernack spielen können, wie jeder Bergmann, der sich noch etwas gesunden Natursinn bewahrt hat, zuweilen noch merken kann, und zwar der Metallbergmann, nicht der Kohlenbergmann.»

Für uns, die wir ja Zwerge für unsere Kinder gestalten möchten wird in diesem Vortrag ein hilfreicher und interessanter Hinweis gegeben:

«Den physischen Leib, den sie (die Gnomen) dem Prinzip der Kraft nach haben, hat allerdings in sich etwas, was in seiner Struktur, in seiner Organisation ähnlich ist dem menschlichen Denkwerkzeug, dem menschlichen Werkzeug der Intelligenz. *Nicht mit Unrecht bilden daher die, welche aus einem gewissen Natursinn heraus Gnomen bilden, gerade die Köpfe besonders charakteristisch heraus.*«

Wir sind nur Gäste auf der Erde

Nun fragen wir uns heute, in welcher Beziehung wir denn eigentlich zu den Elementarwesen und Naturgeistern stehen, was wir eigentlich miteinander zu schaffen haben? Dazu müssen wir erst einmal genauer betrachten, welche Aufgaben sie erfüllen und welchen Stellenwert diese Aufgaben für uns haben. Während wir Menschen nur Gäste sind auf der Erde, sind die Elementarwesen auf ihr zu Hause und sie sind – so Steiner – die «lichtvollen Bewahrer des Weltenverstandes.» Sie müssen nicht wie der Mensch nachdenken, denn was sie sehen, erleben und aufnehmen wissen sie zugleich. Deshalb erscheint ihnen der Mensch auch als geistig ziemlich beschränkt, weil er noch nachdenken muß, und sie machen sich über ihn lustig und treiben ihre Späßchen mit ihm.

Die Arbeit der Wurzelgnome

Schauen wir einmal in die Pflanzenwelt hinein: da sprießt und sproßt es jedes Frühjahr aufs Neue aus der Erde heraus und bringt uns Nahrung für Körper und Seele. Wer geistiges Anschauungsvermögen hat, erblickt in dieser Welt eine Fülle von Wesenheiten. Eine alte Anschauung nennt sie zum Beispiel «Wurzelgeister». Sie sind für den äußeren Anblick natürlich unsichtbar, ihre Wirkungen und die Früchte ihrer Arbeit sind aber umso sichtbarer und faßbarer. Die Arbeitsweise dieser Wurzelgeister oder -gnome beschreibt Rudolf Steiner so:

«... Und wie wir das Auge dem Lichte entgegenstrekken und sehen, so wenden die Wurzelgeister ihre Wahrnehmungsfähigkeit dem entgegen, was durch die Pflanzen von oben herunter in die Erde hineinträufelt. Was ihnen da entgegenträufelt, das ist das, was das Licht in die Blüten hineingeschickt hat, was die Sonnenwärme in die Pflanzen hineingeschickt hat, was die Luft im Blatte angerichtet hat, ja, was ferne Sterne in der Gestaltung der Pflanzen bewirkt haben. Die Pflanze sammelt die Geheimnisse des Weltenalls, senkt sie in den Boden, und die Gnomen nehmen diese Geheimnisse des Weltenalls aus dem, was ihnen durch die Pflanze geistig zuträufelte, in sich auf. ... Sie werden zu denjenigen Wesen innerhalb der Erde, die die Ideen des ganzen Weltenalls durch die Erde hindurchströmend wandernd tragen.»

Frevel an der Natur bedeutet Leiden

Den Wurzelgeistern kommt unter anderem so etwas wie eine Vermittlertätigkeit zwischen der Pflanzenwurzel und dem Erdreich zu. Sie bereiten das Mineralische im Erdreich sozusagen auf, damit es von der Pflanze, im geistigen Sinne, aufgesogen und verarbeitet werden kann. Wer im Pflanzenleben nur etwas rein Materielles sieht, verliert das Verständnis für die Pflanzenwelt. Das hätte fatale Folgen, zum Beispiel für die Heilkunst, die Ernährung, die Atemluft, für das Leben schlechthin! Frevel an der Natur entsteht durch Unverständnis, Nichterkennen geistiger Wahrheiten und Zusammenhänge sowie materieller Gier. Frevel an der Natur bedeutet Leiden für die Elementargeister und Leiden für die Menschen.

Was hier von den Wurzelgeistern berichtet wurde, macht nur einen kleinen Teil dessen aus, was die Schar der Elementarwesen für das Leben und damit für uns Menschen leistet. Ohne sie gäbe es keine feste Erde, keine Inkarnationsmöglichkeit und damit keine Entwicklungsmöglichkeit für den Menschen. Ihr Tun wird erschwert oder sogar unmöglich gemacht, wenn die Menschen gegen sie arbeiten. Und nicht nur das: Ihre eigene Weiterentwicklung, ihre Erlösung kann nicht stattfinden, wenn es zu keinem Austausch, zu keiner Verständigung zwischen ihnen und uns kommt.

Der Mensch als Bindeglied

Der Apostel Paulus sagt im Römerbrief, Kap. 8, Vers 19: «Denn das ängstliche Harren der Kreatur wartet darauf, daß die Kinder Gottes offenbar werden.»

Wir, als Kinder Gottes, berühren mit einer Seite den rein geistigen Wirklichkeitsbereich, den Bereich der göttlichen Welten, zu deren unteren Hierarchien ja die Engel gehören. Unsere andere Seite berührt die irdische Natur mit ihren Elementen und Elementarwesen darin. Wir sind das Bindeglied zwischen beiden. Die Elementarwesen betrachten uns mit Neugier und einer gewissen Sehnsucht. Und es hängt von uns ab, ob sie ihre Sehnsucht nach Erlösung werden stillen können.

In der Einführung zu dem Band «Geistige Wesen in der Natur» (4) von Rudolf Steiner schreibt Wolf-Ulrich Klünker unter anderem:

«... So ergibt sich eine bestimmte Vermittlungsaufgabe für den Menschen, wenn er sich der Natur und den in ihr lebenden Wesenheiten zuwendet. Die Aufgabe, die Verbindung zwischen Naturbereich und Geistwelt herzustellen, verbietet ein einseitig nutznießendes Verhältnis des Menschen zur Natur; andererseits schließt es eine rein von Wissensneugierde getragene Zuwendung zu den Naturwesen aus. (...) Seine Erkenntnisbemühung müßte das Ziel haben, die Beziehung von Natur und Geistwelt herzustellen, also eine Verbindung der Naturwesen zu dem Bereich der Engel zu ermöglichen. Diese Verbindung kann nur der Mensch herstellen, denn er allein vereinigt beide Bereiche in sich. Entzieht er sich dieser Aufgabe, so bleiben beide Seiten getrennt. Die Erkenntnis der Natur- oder Elementarwesen ist für den Menschen von vornherein mit einer Aufgabe verbunden, die man als kosmisch bezeichnen kann. Es handelt sich nämlich um eine Entwicklungsaufgabe, die nur der Mensch aus seiner Sonderstellung im Kosmos heraus übernehmen kann.»

Was können wir tun?

Wir haben die Möglichkeit dieser Entwicklungsaufgabe gerecht zu werden, darüber besteht wohl kein Zweifel. Allerdings gehört dazu einiges, zum Beispiel ein erheblicher Willensaufwand, dazu gehört die Verfeinerung des Seelenlebens, das Schulen der Seelenkräfte und eine große geistige Wachheit, auch eine Erhöhung des Verantwortlichkeitsgefühls gegenüber der Erde und allem was auf ihr lebt. So wie uns die Elementarwesen durch ihren Fleiß ermöglichen, uns auf einer festen schönen Erde zu inkarnieren, so müssen wir ihnen unsererseits wiederum dazu verhelfen, aus ihrer Verzauberung erlöst zu werden, damit auch sie sich weiterentwickeln können. Zu diesem Punkt führte Rudolf Steiner in einem weiteren Vortrag folgendes aus:

«... Ein Mensch steht gegenüber irgendeinem, sagen wir, Bergkristall oder einem Stück Gold oder dergleichen. Er schaut das an. Was geschieht, wenn ein Mensch einfach anglotzt, anschaut mit seinem sinnlichen Auge irgendeinen äußeren Gegenstand, was geschieht da? Da ist ein fortwährendes Wechselspiel zwischen dem verzauberten Elementargeist und dem Menschen. Dasjenige, was da drinnen verzaubert ist, und der Mensch, sie haben etwas miteinander zu tun. Nehmen wir nun an, der Mensch glotzt nur den Gegenstand an, so daß ihm nur auffällt, was ans Auge herandringt; da geht immer etwas von diesen

Elementarwesen in den Menschen herein. Fortwährend geht etwas von den verzauberten Elementarwesen in den Menschen herein, von früh bis abends. Indem sie wahrnehmen, geht von ihrer Umgebung fortwährend eine Schar von Elementarwesenheiten, die verzaubert war und die fortwährend verzaubert wird durch die Verdichtungsprozesse der Welt, fortwährend geht eine solche Schar von Wesenheiten in sie hinein. Nehmen wir nun einmal an, der Mensch, der so die Gegenstände anglotzt, hätte gar nicht die Neigung, nachzudenken über die Gegenstände, in seiner Seele irgend etwas leben zu lassen vom Geist der Dinge. Er macht sich's bequem, geht nur so durch die Welt, verarbeitet es aber geistig nicht, nicht mit Ideen, nicht mit Gefühlen, mit gar nichts, er bleibt sozusagen ein bloßer Anschauer dessen, was ihm materiell in der Welt entgegentritt. Da gehen diese Elementargeister in ihn herein und sitzen nun in ihm, sind in ihm drinnen und haben nichts anderes gewonnen im Weltprozeß, als das sie hereingestiegen sind aus der Außenwelt in den Menschen. Nehmen wir aber an, der Mensch sei ein solcher, der die Eindrücke der Außenwelt geistig verarbeitet, der mit seinen Ideen, Begriffen sich Vorstellungen macht über die geistigen Grundlagen der Welt, der also ein Stück Metall nicht einfach anglotzt, sondern über das Wesen nachdenkt, die Schönheit der Sache nachfühlt, der seinen Eindruck vergeistigt. Was tut der? Der erlöst durch seinen eigenen geistigen Prozeß das Elementarwesen aus seiner Verzauberung. So können wir durch unsere eigene Vergeistigung diejenigen Wesenheiten, die in Luft, Wasser und Erde verzaubert sind, wir können sie entweder einsperren in unser Inneres, ohne sie zu verändern, oder aber wir können sie dadurch, daß wir uns selber immer mehr und mehr vergeistigen, befreien, erlösen, sie wiederum zu ihrem Elemente zurückführen. Sein ganzes Leben hindurch auf der Erde läßt der Mensch aus der Außenwelt Elementargeister in sich hereinfließen. In demselben Maße, in dem er die Dinge bloß anglotzt, in demselben Maße läßt er diese Geister einfach in sich hineinwandern und verändert sie nicht; in demselben Maße, in dem er die Dinge der Außenwelt in seinem Geist zu verarbeiten sucht durch Ideen, Begriffe, Gefühle der Schönheit und so weiter, in demselben Maße erlöst und befreit er diese geistigen Elementarwesen.»

Weil dieses hochkomplizierte und sensible Thema hier nur angeschnitten werden kann und dementsprechend unvollständig bleiben muß, sei auf die im Anhang aufgeführte Literatur hingewiesen.

«Die Naturkräfte sind schaffende Wesenheiten und die Naturgesetze sind ihre Gedanken.»

Rudolf Steiner

5. Kommt eine neue Hellsichtigkeit?

Wer heute von Erlebnissen mit Gnomen und Elfen erzählt, muß einiges an Mut aufbringen, denn diese Wesen gehören eigentlich nicht zum Weltbild und Erfahrungsschatz des modernen Menschen. Und wer möchte schon gern als Spinner oder Träumer hingestellt werden?

Rudolf Steiner sprach davon, daß die neue Hellsicht im Norden Europas ihren Anfang nehmen wird. Das kündigt sich anscheinend in Finnland heute schon eindeutig an. Ein Ethnologe hat vor Jahren einmal die übersinnlichen Erlebnisse der Finnen gesammelt. Dabei fand er heraus, daß Begegnungen mit Elementarwesen weiter verbreitet sind, als man annehmen möchte. Aber die Menschen sprechen selten darüber, sondern bewahren diese doch sehr persönlichen, sensiblen Erlebnisse als Geheimnisse in ihrem Inneren auf. Sie betrachten sie als Geschenke, Kostbarkeiten, Schätze und man ist sich nicht sicher, ob man darüber zu anderen sprechen darf. Diese Kontakte sind außerdem oftmals so flüchtig, vielgestaltig und komplex, daß dafür einfach die Worte fehlen.

Während den Menschen in früheren Zeiten – man könnte sie auch als «instinktive Menschen» bezeichnen – das Schauen anderer geistiger Wirklichkeiten noch als so etwas wie eine Gabe zuteil wurde, so müssen wir heutigen, intellektuellen Menschen es uns neu, vorwiegend über einen mühevollen Übungs- und Erkenntnisweg erarbeiten. Dazu sind unter anderem besondere Seelenqualitäten, innere Aktivität, Gedankenklarheit und ein starker Willensaufwand nötig. Am Anfang können es nur tastende, vielleicht unbeholfene Versuche sein, sich einer unbekannten Welt anzunähern, einer Welt mit wahrhaft existierenden Wesen, die unserer Liebe bedürfen. Menschen, die sich noch einen gewissen, gesunden Natursinn erhalten konnten, tun sich dabei etwas leichter. Geschieht diese Annäherung nicht in der richtigen Weise und mit der nötigen Vorsicht, sind Irrtümer unvermeidlich. Etwa dann, wenn wir illusionären Trugbildern aufsitzen oder sich unsere eigenen, romantischen Gefühlsansprüche erfüllen sollen.

Im folgenden sollen Menschen von heute zu Wort kommen, die Einblicke in die Welt der Naturwesen gewonnen haben.

Bei denjenigen, die heute über mehr oder weniger hellseherische Fähigkeiten verfügen und uns darüber berichten fällt auf, daß es größtenteils Menschen sind, die in ihrem alltäglichen Leben mit beiden Beinen fest auf dem Boden der Tatsachen stehen. Sie üben Berufe aus, die einen klaren Verstand und logisches Denken erfordern. Es ist nicht mehr das alte, etwas wunderliche Mütterchen, das Zeit seines Lebens in einer Hütte hinter hohen Tannen lebte und Kräuter sammelte. Es sind vielmehr moderne Menschen, die sich moderner Technik bedienen, denn das eine schließt das andere nicht aus! Sie berichten von «Rückmeldungen» oder Kontaktaufnahme seitens der Naturgeisterwelt in Form von kleinen oder auch größeren Hilfen im Alltag, von Träumen, Gedankenblitzen, Inspirationen, Botschaften und Tröstungen.

Gehen wir zunächst wieder zurück nach Finnland. Da gibt es zum Beispiel den Bericht eines Professors am Institut für Waldforschung in Helsinki. Mitarbeiter dieses Instituts hatten einmal die Aufgabe, potenzierte Stoffe über ein größeres Waldgebiet zu verteilen, um die Gesundung des Waldes zu unterstützen. Derjenige, der die Verantwortung dafür hatte diese Präparate zu versprühen, wurde bald mutlos, denn es zeigte sich, daß seine technischen Apparaturen nicht ausreichten, um alles gleichmäßig verteilen zu können. Da erhielt er unverhofft Hilfe. «Als er mit der Arbeit anfing, war es absolut windstill. Aber schon nach kurzer Zeit entstand ein wirbelwindartiger, leichter Wind, der ihn wie ein Hauch umgab und den Wasserdampf der Spritze ergriff, so daß sich die potenzierte Flüssigkeit sehr rasch über ein großes Gebiet verbreitete. Als der Verteiler mit seiner Arbeit fertig war, legte sich der Wind sofort wieder, und es war windstill wie zuvor.» (6)

Ebenfalls in Finnland lebt Tapio Kaitaharju, der über hellsichtige Fähigkeiten verfügt. In einem Interview schildert er seine erste Begegnung mit Elementarwesen:

«Ich wohnte damals nordöstlich von Helsinki in Kouvola, und es war tiefer Winter, als ich mit meinen Skiern über den Schnee fuhr. Mit einem Mal begegnete ich drei

Tomten, die sofort bemerkten, daß ich sie schaute. Die Naturgeister bemerken immer, wenn man sie wahrnimmt. Die Begegnung mit den Naturgeistern ist wie die Begegnung zweier alter Freunde, die sich seit längerer Zeit nicht mehr gesehen haben. ...»

«... Eigentlich gibt es zwei Arten von Gesprächen mit den Naturgeistern. Die eine Art ist so wie bei den Menschen, indem man in Wechselwirkung seine Gedanken austauscht. Die andere Art des Gesprächs ist nicht so sehr ein gegenseitiger Austausch, sondern eher als ob der Funken einer Idee in einem aufleuchtet und Gestalt annimmt. Das, was man selber sagen möchte, und das, was die Elementargeister einem mitteilen wollen, bewegt sich auf zwei verschiedenen Ebenen, die aber doch miteinander verschmelzen, so daß man sich versteht.» (7)

Der Jurist Dr. Ernst-Martin Krauss teilt uns in seinem Buch «Holzwege, Steinwege ...»(8) von seinen Erlebnissen mit Elementarwesen folgendes mit:

«Meine Freundschaften mit Elementarwesen haben eine lange Geschichte. Es mußte sehr vieles, sehr vieles zusammenkommen, zusammenklingen, damit dies möglich wurde.» Er nennt in dem Zusammenhang unter anderem das Leben mit seinen drei Kindern, durch sie und mit ihnen zusammen durfte er ganz neu in eine wundervolle Welt der Märchen eintauchen. Er spricht von seiner großen Liebe zur Natur und verschiedenen Landschaften. Auch seine in der Jurisprudenz geschulte Fähigkeit zu logischem Denken sei dabei von großem Nutzen gewesen. Das, was in ihm durch die Wahrnehmung von Elementarwesen schließlich geistig-seelisch zu leben anfing, versuchte er zu malen. «Es war eine schwere, wenn auch beglückende Arbeit. Sie ließen es zu, ins Sichtbare gehoben und im Prozeß des Malens mit mir gewandelt zu werden. Sie hatten dabei wohl eine gewisse Scheu – eine Scheu, die bei mir insofern eine Entsprechung fand, als ich auch lange Zeit, in gewisser Hinsicht fast bis heute, meine Elementarwesenbilder verborgen gehalten habe und zum Teil auch weiterhin verborgen halte. So habe ich sie bisher nur wenigen Menschen zu Gesicht gebracht. Noch seltener habe ich die Worte, die mir gekommen sind, vorgetragen. Ich wagte zunächst nicht, dieses wie ein neugeborenes Kind Hilflose und mir Kostbare zu zeigen. Inzwischen habe ich den Mut dazu gefunden, und ich habe das Gefühl, daß die Gnomen jetzt auch damit einverstanden sind.»

Ernst-Martin Krauss berichtet auch von Tröstungen ganz unterschiedlicher Art, die die Elementarwesen zu spenden imstande sind.

Ihre erste Begegnung mit einem Heilpflanzengeist hatte die von Geburt an blinde Ursula Burkhard unmittelbar nach einer Krankheit. In ihrem Büchlein «Karlik» (9) schreibt sie darüber:

«... In diesen Tagen kam mein treuer Freund und Begleiter aus dem Reich der Elementarwesen zu mir. Ich war gerade damit beschäftigt, Arnika in mein Fußbad zu gießen. Da bediente sich irgend jemand oder irgend etwas meiner Hände. Unfreiwillig goß ich mehr hinein als der Arzt verordnet hatte. Und in mir vernahm ich die Worte: «Du brauchst das Bad so.» Auf dem Rand des Beckens entdeckte ich ein zartes Gnomenwesen. ... Er war nicht verfestigt wie der Wurzelmann und nicht luftig wie die Elfen ...»

Der slowenische Bildhauer Marko Pogacnik leitet Seminare zur Heilung von Orten und berät Kommunen und Ämter in bezug auf Landschaftsschutz und -gestaltung. Er betrachtet die Elementarwesen nicht als einzelne Geschöpfe, sondern als Teil des Bewußtseins der Erde, als Intelligenz der Natur. Er nimmt sie als energetische Wirbel wahr, die immer eine charakteristische Drehung oder Bewegung haben. Er sagt: «Darinnen ist etwas enthalten, wie wir es vom menschlichen Bewußtsein her kennen. Man könnte es als eine Art Gedächtnis charakterisieren, als Wissen wie bestimmte Naturprozesse zu steuern sind, und als eine Weisheit, ein Grundwissen über das Leben. Ein solches Bewußtsein ist den Elementarwesen eigen, und das kann man spüren. ... Deshalb sind die Menschen auch darauf gekommen, die Wahrnehmung der Elementarwesen in den Mythen in bestimmte Formen zu kleiden, weil man das sichere Gefühl bekommt, daß es sich in gleicher Weise um Wesen handelt, wie bei einer Pflanze, einem Tier oder einem Menschen ...» (10)

Wenn auch die Wahrnehmungen sehr vielschichtig sind und so verschieden wie die Menschen, die uns davon erzählen, so liegt doch allen eine gemeinsame Botschaft zugrunde: Es ist eine Botschaft aus der ängstlich gewordenen Elementarwesenwelt an uns Menschen. Der Mensch trägt durch seine Gesinnung die Verantwortung dafür, welche Wesen um ihn herum leben. Ohne sein Mitwirken und seinen Einsatz können die Geister, die Gutes bewirken, nicht eingreifen. Sie können ihrer Hauptaufgabe, die Lebendigkeit der Natur zu pflegen, nicht mehr nachkommen. Menschliche Ignoranz und Kälte des Herzens fördern Naturzerstörung, Waldrodung, radioaktive Belastung und Vergiftung der Luft, des Wassers und des Bodens. In solche, zerstörte Gebiete ziehen, wie hellsichtige Menschen mitgeteilt haben, teilweise dämonische Naturwesen ein oder bleiben dort als einzige zurück. Eine Aufforstung und Wiederbelebung solcher Landschaften soll dann außerordentlich schwierig sein.

Künftige Menschen finden es vielleicht einmal beschränkt und sogar erschreckend, daß ihre Vorfahren nur glaubten, was sie mit ihren leiblichen Augen sahen, und daß sie dadurch die unsichtbaren, lichtvollen Naturgeister und letztlich auch sich selbst in allergrößte Not brachten.

6. Neue Zwergengeschichten und -begegnungen

Die nun folgenden kleinen Geschichten sind z.T. aus meditativen Naturbetrachtungen heraus entstanden und in eine geläufige, für Kinder verständliche Form gebracht.

Fichtus, der Baumwächter

Es war vor Jahren in einem lichten Mischwald in Süddeutschland. Da kamen wir bei unseren Spaziergängen meistens an einer alten Fichte vorbei, die etwas näher am Waldweg stand als die anderen Bäume. Ihr Wuchs war auffallend ebenmäßig und das grüne Kleid üppig und von mattem Glanz. Die Fichte hatte unten am Stamm, fast schon bei den Wurzeln, eine Öffnung in Form eines Tropfens. Manchmal, wenn man vorüberging, schien es, als würde sich in dieser Höhle etwas bewegen. Links, direkt am Eingang, befanden sich in einer Reihe nebeneinander einige Verdickungen, die aussahen wie kleine Garderobenhaken. Einmal konnte man meinen, es hingen winzige Kappen in Grün, Braun und Orange daran. Und dann, eines Tages, sahen wir «ihn». Es waren wohl nur Bruchteile von Sekunden, aber da stand ein kleiner, knorziger, buckliger Kerl im Schatten der Baumhöhle. Er hatte einen wilden, hochstehenden Haarschopf, wie feine Baumwurzelspitzen. Der lange Bart ähnelte Flechten und Moosen und der Körper bzw. das Gewand schienen aus Borken und Rinden zu bestehen. Das Gesicht war im Verhältnis zum Körper recht groß und zeigte einen Ausdruck, den man nicht oder nur sehr unzulänglich beschreiben kann. Es war eine Mischung aus Traurigkeit und Zorn, Neugier und Entschlossenheit, aber auch Schalk und Wohlwollen fanden sich darin.

Wir blieben einen Augenblick lang schweigend stehen. Ohne das irgend etwas zu hören war, schien der Kleine zu uns zu sprechen. «Fichtus» hieß er und war ein «Baumwächter». Wie ihn gab es viele und ihre Namen bezogen sich immer auf den Baum, den sie pflegten. Einer der Wächter hieß z.B. Eichtroll, ein anderer Lindbold, ein dritter Buchling.

Sie grämen sich sehr, wenn gedankenlose Spaziergänger Unrat in die Nähe ihrer Bäume werfen, denn das ist ein Zeichen dafür, daß sie den Wald und die Bäume nicht achten. Kommt aber ein Mensch vorbei der ihn aufhebt, so freut sie das ungemein. Und wenn Kinder kleine Gaben für die fleißigen Zwerge hinlegen, etwa eine Nuß, oder einen schönen Stein, so löst das bei ihnen oft eine so überschwengliche Freude aus, daß sie wie wild in den Wipfeln ihrer Bäume herumturnen. Dann wundern sich die Menschen, die unten vorübergehen, über das plötzliche Rauschen hoch oben in den Baumkronen.

All das erfuhren wir während der kurzen Begegnung mit Fichtus, dem Baumwächter.

«Wer möchte leben ohne den Trost der Bäume?» (11)
Günter Eich

Das Zwergengärtchen im finnischen Wald

Eine Frau, die lange Zeit in Finnland gelebt und sich dort oft und gern in den Wäldern aufgehalten hatte, berichtete folgendes: Bei einem ihrer Streifzüge kam sie auf eine kleine Lichtung. Dort wurde sie von einem großen alten Baumstumpf, der ihr besonders belebt erschien, angezogen. Da huschten kleine schwarze Gestalten in geschäftigem Treiben hin und her. Bei näherem Hinsehen entdeckte sie, daß der Baumstumpf fein säuberlich in verschiedene Parzellen eingeteilt war. Auf jedem der kleinen «Beete» wuchs ein einziges Pflänzchen: eine Erdbeere, eine Blaubeere, ein Waldmeisterbüschelchen usw., gerade so, als hätte eine Zwergenfamilie dort einen Garten angelegt.

Maistrolle

An einem kalten, hellen Tag im Februar unternahm ich mit dem Hund einen Spaziergang durch die Felder. Unser Weg führte an einem gepflügten Feld vorbei, auf dem im Vorjahr Mais gewachsen war. Das fiel mein Blick auf einen kleinen Haufen ausgepflügter Wurzelstrunke. Es waren die Stümpfe der im Herbst abgemähten Maispflanzen: trockene, gelbgraue, gespaltene Stämmchen mit vielverzweigten Wurzeln daran. Es sah aus, als wäre da eine Schar übermütiger Maiswurzeltrolle mit verzottelten Haarschöpfen übereinander gepurzelt. Ich bückte mich und wollte einen der Strünke aufheben, um ihn genauer zu betrachten. Anscheinend war aber meine Neugier ganz und gar nicht erwünscht. Ich faßte in ein Häufchen Vogelkot, den ich vorher nicht bemerkt hatte. Erschreckt und verärgert zog ich meine Hand zurück. Ich hatte das Ge-

Maistrolle

fühl, als lachte mich ein Chor dünner, heller, gackernder Stimmchen schadenfroh aus. Auch der Hund schien etwas bemerkt zu haben, denn er schaute verblüfft zu mir, dann zu den Strünken und wieder zu mir. Die folgenden Tage gingen wir wieder an dem Feld mit den Wurzeltrollen, deren Existenz nun für mich feststand, vorbei, würdigten sie aber keines Blickes! Dabei hatte ich allerdings den Eindruck, als verfolgten uns viele Augenpaare. Und dann, etwa zwei Wochen später, wagte ich es noch einmal und trug schließlich sieben Strünke nach Hause ohne das irgend etwas passierte. Ich wollte einmal versuchen, die kleinen, frechen Trolle sichtbar zu machen. Wie das vor sich ging, ist auf Seite 54 f. genau beschrieben.

Der Erdbeerzwerg

Einmal, an einem schwülen Junitag, ging ich mit einem Schälchen in den Garten hinunter, um Erdbeeren zu suchen. Diesmal gab es besonders viele und so war die Schale im Nu bis oben hin gefüllt. Gerade wollte ich ins Haus zurück, da fiel mein Blick auf eine besonders große, saftige Beere. Ich beugte mich hinunter, um sie auch noch abzuzupfen. Diese Frucht schien aber irgendwie Widerstand zu leisten und schwerer zu sein als die anderen. Ich wunderte mich und sah genauer hin. In dem Moment fing es auch schon zu zappeln, zu strampeln und zu zetern an in meiner Hand.

«He, du, du da, Mensch, laß mich sofort los, aber auf der Stelle, du Grobklotz», schrie ein hohes, etwas schnarrendes Stimmchen. Es gehörte einem kleinen, grün-roten Wesen, das sich mit aller Kraft aus meiner Hand zu befreien versuchte. Es stemmte beide Ärmchen gegen meinen Daumen und schnappte nach Luft. Was meint ihr wohl, wie erstaunt ich war. Ich stand da, mit offenem Mund und war nicht imstande meinen Griff zu lockern. Die Schale mit den Erdbeeren allerdings, war mir aus der anderen Hand geglitten.

«He, Dummglotzer, willst du mich erdrücken oder auffressen oder was», ließ sich jetzt wieder das merkwürdige Stimmchen vernehmen. Langsam gewann ich meine Fassung zurück.

«Oh, entschuldige bitte, ich wollte dir nicht wehtun», sagte ich und öffnete meine Hand ein wenig. Da hatte ich doch tatsächlich einen echten Erdbeerzwerg erwischt. Und weil mir schlagartig bewußt wurde, daß sich so eine Gelegenheit in meinem Leben kaum wiederholen würde, hielt ich das Zwerglein, damit es nicht entwischte, mit der anderen Hand an einem Ärmchen fest. Der Kleine saß jetzt in meiner Rechten und blitzte mich mit seinen etwas schrägstehenden, klugen Äuglein herausfordernd an.

«Und?» fragte er, «Was jetzt, na?»

«Also guten Tag», sagte ich. «Ich bin, ich heiße, ich wollte ...» Weiter kam ich nicht.

«Ja, ja, ich, ich, ich, so seid ihr Menschen», unterbrach der Kleine mein Gestammel. Er richtete sich ein wenig auf und verschränkte die langen dünnen Ärmchen. Jetzt konnte ich ihn genauer betrachten. Sein ganzer Körper hatte die Farbe von unreifen Erdbeeren, die Arme und die zu kurz geratenen, etwas krummen Beinchen waren mittelgrün, so wie Erdbeeren wenn sie noch ganz klein sind. Der große, breite Kopf und die Hände hell-gelbgrün, so wie Erdbeeren, kurz bevor sie anfangen rot zu werden. Seine runden Wangen waren rötlich angehaucht. Den Augen schien nichts zu entgehen, denn sie waren ständig in Bewegung. Unmittelbar unter der breiten, dunkelgrünen Nase sah ich seinen Mund. Der war mal klein und schmal und mal ganz breit. Um das dicke, mittelgrüne Bäuchlein hatte er als Schurz zwei Erdbeerblätter fest herumgewickelt. Das lustigste aber waren die Kappe, die der Zwerg auf dem Kopfe trug und seine Pantoffeln. Die sahen nämlich wie saftige, reife Erdbeeren aus: Die Pantöffelchen kleiner, das Mützchen, nach dem ich ja vorhin gegriffen hatte, größer. Und zu alldem war das ganze Kerlchen von dem süßesten Erdbeerduft umgeben, den ihr euch nur vorstellen könnt.

«Genug geäugt», sagte der Kleine und schnitt mir eine Grimasse. Anscheinend wollte er meinen Gesichtsausdruck nachahmen.

«Laß mich runter, kann nicht meine Zeit mit neugierigen Menschen vertun.»

«Ach bitte, erzähl mir doch etwas von dir», bat ich ihn. «Sag mir doch woher du kommst und was du tust.»

«Woher ich komme und was ich tue», prustete er heraus und krümmte sich vor Lachen, so daß sein grünes Gesichtchen ganz rot wurde. Er hielt sich das Bäuchlein und wäre mir um ein Haar aus der Hand gekullert. Ich war etwas betroffen, denn sein Lachen klang nicht fröhlich.

«Ja, was mache ich wohl,» sagte er und war schlagartig ernst geworden. «Guck dich doch einmal um in deinem Garten. Hattest du schon einmal so viele herrliche Erdbeeren wie in diesem Jahr?»

Das mußte ich verneinen.

«Und waren sie schon einmal so wohlschmeckend und gesund und glänzend?»

«Nein», sagte ich etwas kleinlaut. In diesem Jahr ist es überhaupt viel lebendiger und bunter in meinem Garten, dachte ich so bei mir, fast so als würde mir heimlich jemand helfen. Der Zwerg hatte zweifellos meine Gedanken gelesen, denn ich sah wie sich sein Gesicht aufhellte. Er wurde im Ganzen fast ein wenig größer und in den Farben frischer und leuchtender.

«Sie hat etwas gespürt, sie hat etwas gemerkt», jubelte er und warf sein drolliges Erdbeermützchen hoch in die Luft, um es gleich darauf geschickt aufzufangen. Eilig zog er es wieder auf, wozu er beide Händchen gebrauchte. Anscheinend wollte er nicht, daß ich seinen kahlen Schädel, auf dem nur in der Mitte ein kleines Büschel graugrüner Haare wuchs, sah. Dann streckte er sich bequem in meiner Hand aus und stützte den großen Kopf auf. Ich mußte meine Finger ganz eng zusammenhalten, damit sein kleiner spitzer Ellenbogen nicht durchrutschte.

«Meinen Namen werde ich dir aber nicht sagen, noch nicht», begann er. «Ich denke, bei dir ist Hopfen und Malz noch nicht ganz verloren, deshalb sollst du ein paar Geheimnisse von mir erfahren.»

Dann erzählte er, daß außer ihm noch mindestens zehn weitere Erdbeerzwerge in meinem Garten arbeiteten. Die Weiblein unter ihnen wären den ganzen Tag über damit beschäftigt, die Früchte zu polieren und die Sonnenstrahlen hineinzureiben, bis sie rot und süß wären. Am Abend müßten sie mit den Schnecken verhandeln, die auf eine bestimmte Menge Früchte Anspruch erhoben. Meistens würde man sich einigen, berichtete mein kleiner Erzähler. Vor ein paar Tagen habe es allerdings einen ärgerlichen Zwischenfall gegeben. Unter einem Stein wohnte nämlich ein ganz besonders gefräßiger Schneck, der mehr nahm als ihm zustand, weshalb er denn auch unglaublich fett war. Dieser Schneck habe eines der fleißigen Zwergenweiblein – und das war zufällig die Frau des Kerlchens auf meiner Hand – von hinten umgeschubst, weil sie ihm eine weitere Erdbeere verweigert hätte. Dann sei er ganz frech über sie hinweggeglitten. Die anderen Zwergenfrauen hätten die halbe Nacht damit verbracht, sie von dem klebrigen Schneckenschleim rein zu waschen. Ihr Gejammere klänge ihm noch jetzt in den Ohren. Die Männlein hätten dann keine andere Möglichkeit mehr gesehen, als die Erdkröte zu rufen, die mit derlei Gesindel kurzen Prozeß zu machen pflegte. Sonst seien die Zwergenmänner damit beschäftigt, die Würzelchen zu glätten, zu strecken und zu tränken. Auch müßten regelmäßig die frischen Triebe vom Erdreich aus nachgeschoben werden. Die schwerste Aufgabe sei jedoch, und da wurde das Männlein in meiner Hand auf einmal sehr ernst und betrübt, das Schwerste sei, den Pflanzen gute Luft und gutes Wasser zuzuführen. Sie, die Zwerge, müßten auf geheime Art mithelfen, Luft und Wasser zu filtern und zu reinigen. Aber in den letzten Jahren hätte sich der Schmutz aus Schornsteinen und Auspuffen so stark vermehrt, daß sie nicht mehr dagegen ankämen. Manche von ihnen hätten sich schon so überarbeitet, daß sie kraftlos und krank geworden seien und nun nicht mehr mithelfen könnten. Andere wären einfach verschwunden und man wisse nicht, wie das noch weitergehen solle. Der kleine Erdbeerzwerg ballte nun ärgerlich die hellgrünen Fäustchen und streckte sie zu mir empor.

«Dumm, dumm, dumm,»schrie er. «Dumm, dumm, dumm seid ihr Menschen.»

Plötzlich machte er einen Satz und sprang von meiner Hand. Weg war er!

Ich rief noch schnell: «Danke, danke für alles!»

Dabei versuchte ich den Zwerg zwischen den Erdbeerbüschen zu erspähen. Es gelang mir nicht!
Später habe ich versucht, für die Kinder einen Erdbeerzwerg aus Wolle aus der Erinnerung herzustellen. Er sieht natürlich nicht ganz genau so aus wie der, den ich damals versehentlich gefangen hatte, aber es kommt ihm doch recht nahe. Zur Erdbeerzeit brachte ich den kleinen Wollzwerg in den Garten und ließ ihn über Nacht draußen zwischen den Erdbeerbüschen. Am nächsten Morgen sah ich ihn schon von Weitem ganz vergnügt am Gartenweg stehen. Unter jedes Ärmchen war eine besonders schöne Erdbeere geklemmt an der noch die Tautröpfchen glitzerten. Da wußte ich sicher, daß die kleinen Wesen noch immer tätig waren in meinem Garten und auch, daß sie «einverstanden» waren mit der Art, wie ich das kleine Wollmännchen gestaltet hatte.

(Siehe Seite 47 ff.)

7. Kinder und Zwerge

Klippdiklapp

Text von M. Garff

Leise, leise, aufgepasst!

Text von H. Diestel

Wenn Kinder von Zwergen erzählen

Je jünger die Kinder sind, um so zurückhaltender und einfühlsamer verhält sich der Erwachsene was das Thema Zwerge anbetrifft. Man beschränkt sich zunächst auf einfache Reime, Lieder und kurze Geschichten. Wünscht sich das Kind einen Zwerg zum Spielen, so schenkt man ihm am Anfang einen einfachen gestrickten, einfache genähte Filzzwerge oder formt, zusammen mit dem Kind kleine Männlein aus Knetwachs, die sich auf einer Wurzel tummeln können. (Siehe dazu die Vorschläge in diesem Buch.) Im allgemeinen haben die kleinen Kinder noch Verbindungen zu den Naturkräften und somit eigene, innere Bilder. Die würde man zerstören, wenn man ihnen zu früh detailliert ausgestaltete Figuren zeigte. Ab dem 5., – 6. Lebensjahr verdämmern diese inneren Bilder allmählich, sie werden «vergessen», wenn das Kind mehr und mehr im realen Erdenleben Fuß faßt.

Eine offene und liebevolle Stimmung im Haus führt nicht selten dazu, daß Kinder ganz unbekümmert von «ihren» Zwergen erzählen. Dann sollte der Erwachsene gut zuhören und es nicht als albernes Kindergeplapper abtun oder gar belächeln. Was Kinder uns erzählen können, ist meistens von großem Wert. Viele Mütter schreiben solche kleinen Geschichten auf und verwahren sie wie einen Schatz. Dies gilt im übrigen nicht nur für Zwergengeschichten. Wenn Kinder von Zwergen erzählen, sollte der Erwachsene sich hüten, sie plump auszufragen oder durch Suggestivfragen zu beeinflussen, um vielleicht die eigenen romantischen Wunschvorstellungen zu befriedigen. Mit Romantik und Sentimentalität hat die Welt der Gnome nichts zu tun. Wer die Existenz von Elementarwesen als Aberglauben abtut, sollte seinen Kindern besser nicht von Zwergen, Elfen und Feen erzählen.

Auf Seite 43 gibt es einen schönen, freien Platz für eine eigene Zwergengeschichte.

Wie Kinder Zwerge erleben können, zeigen die folgenden kleinen Geschichten.

Der gefundene Zwergenschuh

Schon oft waren die Kinder den Wiesenweg gegangen. Aber dieser Ausflug, an einem goldenen Spätsommertag, unterschied sich von all den vorangegangenen, denn sie machten einen ganz ungewöhnlichen Fund. Da lag nämlich mitten auf dem Weg ein kleiner brauner Schuh, nicht länger als fünf Zentimeter. Bei genauerem Betrachten sahen sie, daß er, obwohl er einen gebrauchten und abgenutzten Eindruck machte, sehr ordentlich aus Leder gearbeitet worden war. Die feinen Nähte verliefen gerade und gleichmäßig und an der oberen Kante des Schuhs war ein hellgrünes Filzpolster angebracht, damit er beim Wandern den Träger nicht drücke. Es gab eine Lederzunge vorn unter der Verschnürung und eine zierliche kleine Schlaufe an der Ferse. Dort hätte man einen zusätzlichen Riemen durchziehen können, um dem kleinen Fuß Halt zu geben. Der wunderliche Schuh wanderte von Hand zu Hand und die Kinder betrachteten ihn von allen Seiten. Deutlich sichtbare Gebrauchsspuren ließen Rückschlüsse auf den Besitzer zu. An der Spitze war das Leder ein wenig abgeschabt, so, als wäre der Träger häufig gegen schroffe Steine gestolpert und gestoßen. Die Schnalle, von der noch ein Abdruck zu sehen war, war abgerissen und das Schuhband verheddert und verzurrt, wie bei jemandem, der es immer eilig hat beim Schuhe an- und ausziehen und daher aus dem Schuh herausschlüpft, ohne das Band aufzuknüpfen. So etwas kennt man ja!

Die Kinder hatten keinen Zweifel: hier konnte es sich nur um einen Zwergenschuh handeln! Da man ihm ansah, daß er schon eine Weile hier gelegen haben mußte, beschlossen sie, ihn mitzunehmen. Erstens sollte er durch Regen und Schmutz nicht noch weiter verderben und zweitens würde der kluge Zwerg schon wissen wer seinen Schuh aufbewahrte und ihn dort abholen.

Unter den Kindern befand sich ein sechsjähriger, etwas verträumter Junge. Er liebte die Zwerge besonders und daher vertraute man ihm den kostbaren Fund an. Zuhause putzte er den winzigen Schuh liebevoll und stellte ihn auf die Fensterbank in seinem Zimmer. Dort könnte der Zwerg ihn ja sehen, wenn er draußen den Weg entlang käme. Tag für Tag stand der Schuh an diesem Platz, aber es erschien kein Zwerg, um ihn zu holen. Anscheinend hatte er sich neue Schuhe machen lassen und den alten, abgenutzten längst vergessen. Der kleine Junge war sogar der Meinung, daß der Zwerg ihm den Schuh absichtlich, als Glücksbringer, auf den Weg gelegt hatte. So etwas sollen die guten Zwerge ja von Zeit zu Zeit machen.

Das ist nun schon einige Jahre her und aus dem Buben ist inzwischen ein tüchtiger junger Mann geworden. Den Zwergenschuh aber bewahrt er, wie ich kürzlich erfuhr, immer noch auf.

Das Traumbuch

Ein Fünfjähriger erzählte von einem kleinen Männlein in schönen Kleidern, das in seinem Zimmer wohnte. Er wies auf einen Punkt an der Fußleiste, dort wo sich die Tür zu dessen Wohnung befand. Vor dem Einschlafen trat es mit einem Buch an sein Bett und sie suchten zusammen einen Traum für die Nacht aus. Wenn das Buch leer sei, bzw. alle Träume daraus einmal geträumt wären, würde das Männlein im Traumland ein neues Buch «kaufen». Das Männlein sei der Wächter dieses geheimen Buches. Störte man es tagsüber durch Klingeln an seiner Tür, verwandelte es sich augenblicklich in einen gefährlichen Fuchs und «nie würde es das Buch herausgeben».

Neugierige Tannenzapfenzwerge

An einem Sonntag im Wald purzelten uns immer wieder Tannenzapfen vor die Füße. «Aha,» sagte das Kind, «was sind sie heute wieder neugierig.» Auf unser Nachfragen erklärte es, daß dies in Wirklichkeit Tannenzapfenzwerge seien. Sie wären sehr neugierig und wollten die Menschen aus allernächster Nähe sehen und am liebsten auch noch necken. Am meisten Spaß bereite es ihnen, sich auf die Köpfe der Menschen fallen zu lassen, und das würden sie auch immer wieder versuchen. Das wäre fast so etwas wie ein Wettspiel unter ihnen. Sobald sie dann unten auf dem Weg aufkämen, verwandelten sie sich blitzschnell in normale, harmlose Tannenzapfen zurück. Zuletzt kullerten sie ein wenig den Pfad entlang, um schließlich liegen zu bleiben. Eine Weile würden sie die Spaziergänger allerdings noch mit ihren neugierigen Blicken verfolgen, und kein Mensch ahne etwas von ihrem Schabernack!

Da, 'n 'Werg

Es war in der Zeit, als im Hause viel über Zwerge gesprochen wurde, besonders in Form von Gedichten und Geschichten. Der ältere Bruder hatte ein schönes Zwergenreich ins Bücherregal gebaut und wartete voller Spannung auf «seinen» Zwerg. Der war übrigens noch in der Werkstatt der Mutter in Arbeit. Die kleine, knapp dreijährige Schwester hatte von all dem wohl mehr mitbekommen als alle ahnten. Oder sollte man sagen, «sie wußte noch viel mehr» als all die anderen, älteren? Jedenfalls «sah» sie offenbar immer an einer bestimmten Stelle auf einem Feld, an dem man täglich vorbeikam, einen Zwerg. Sie wies dann mit dem Fingerchen von ihrem erhöhten Autositz aus aus dem Fenster mit den Worten: «Da, 'n 'Werg». Zuerst achtete die Mutter nicht so sehr darauf. Als die Kleine aber immer wieder an der gleichen Stelle das gleiche sagte, fragte sie: «Was siehst du da, einen Zwerg?», wiederholte das Kind: «Ja, da, 'n 'Werg.» Dabei erhob es sich ein wenig aus seinem Kindersitz und schaute angestrengt zu dem Feld hinüber. Das ging einige Monate so. Die Mutter sah natürlich nichts, nur den Acker. Auch vermied sie es, das Kind nach Einzelheiten auszufragen.

Bubbilu und Tellis

Eine Mutter berichtete, daß ihre kleine Tochter abends nicht eher ihr Zimmer betrat, bis zwei Männlein sich dort eingefunden hatten. Daher öffnete sie von Zeit zu Zeit die Tür und hielt Ausschau nach ihnen. Waren die Zwerge endlich erschienen, verschwand sie mit strahlendem Gesicht in ihrem Zimmer. Das Kind vertraute seiner Mutter an, daß die beiden Männlein Bubbilu und Tellis hießen und sich außer im Kinderzimmer in keinem anderen Raum des Hauses aufhielten. Allerdings waren sie auch dort nicht ständig sichtbar. Tellis war ihr der liebste von beiden. Das Mädchen beschrieb ihn als einen Hauszwerg, bartlos, in buntem Kittelchen und Hose und mit Hauspantoffeln an den Füßen. Manchmal, so erzählte die Mutter, habe sie das Kind leise mit Tellis sprechen hören.

Der Kleine unter'm Tisch

Eine Fünfjährige erzählte von einem Jungen in ihrer Kindergartengruppe, der immer, wenn sich die Kinder zum gemeinsamen Essen setzten, mit einem kleinen Teller unter dem Tisch verschwand. Er sagte, daß sich dort ein kleines Männlein befände, dem er, bevor er selbst aß, auch einen Teller voll hinstellen müsse. Leider hatte die Kindergärtnerin dafür kein Verständnis und verbot es dem Jungen. War sie gerade unaufmerksam, so krabbelte er dennoch schnell unter den Tisch, um seinen Zwerg zu versorgen.

Miriams Filzzwerge

Als ich einmal eine befreundete Familie besuchte, war die fünfjährige Tochter Miriam ununterbrochen damit beschäftigt, winzige Filzzwerge zu nähen. Weil sie erstaunlich geschickte Fingerchen und auch viel Geduld hatte, war ihre Zwergengesellschaft schon recht ansehnlich. Die Figürchen standen dicht an dicht und nach Farben sortiert in kleinen Körben. «Die mit den gleichen Farben», erklärte Miriam, «sind eng miteinander verwandt, die mit ähnlichen Farben, nicht so eng, und die mit anderen Farben sind Freunde und Bekannte.» Als ich mich verabschiedete, schenkte sie mir einen kleinen braunen Zwerg, den sie gerade erst fertiggestellt hatte, mit den Worten: «Der hier ist für dich, der kennt hier noch keinen!»

Zwerge von Kinderhand

Filzzwerge und Filzzwergenreich

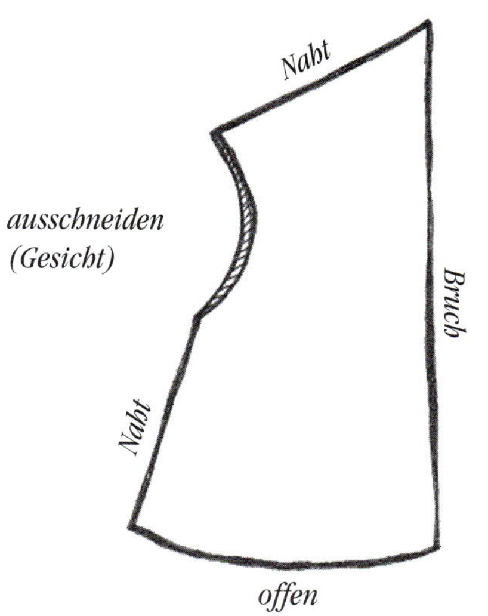

Den kleinen Anzug nach dem Zusammennähen mit ungesponnener Wolle ausstopfen.

Einfache, gestrickte Zwerge

Zwerge aus Knetwachs auf einer Wurzel

Einfacher Strickzwerg aus einem Stück
(30 Maschen anschlagen, 25 Reihen kraus stricken)

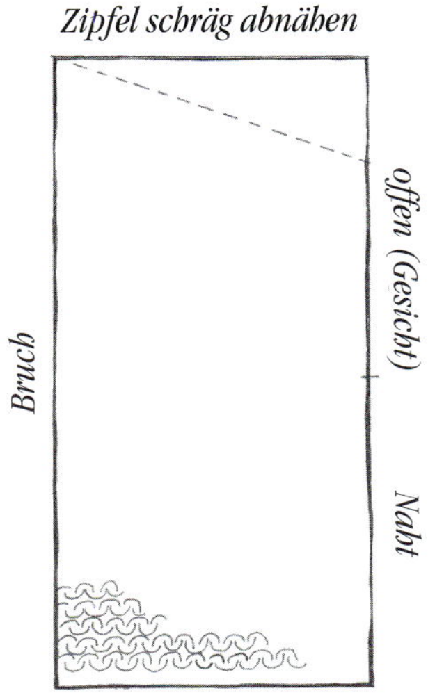

Den zusammengenähten Strickanzug mit ungesponnener Wolle ausstopfen und einen Bart anheften.

Eine lustige, bunte Zwergengesellschaft aus Knetwachs ist schnell gemacht!

MEINE ZWERGENGESCHICHTE

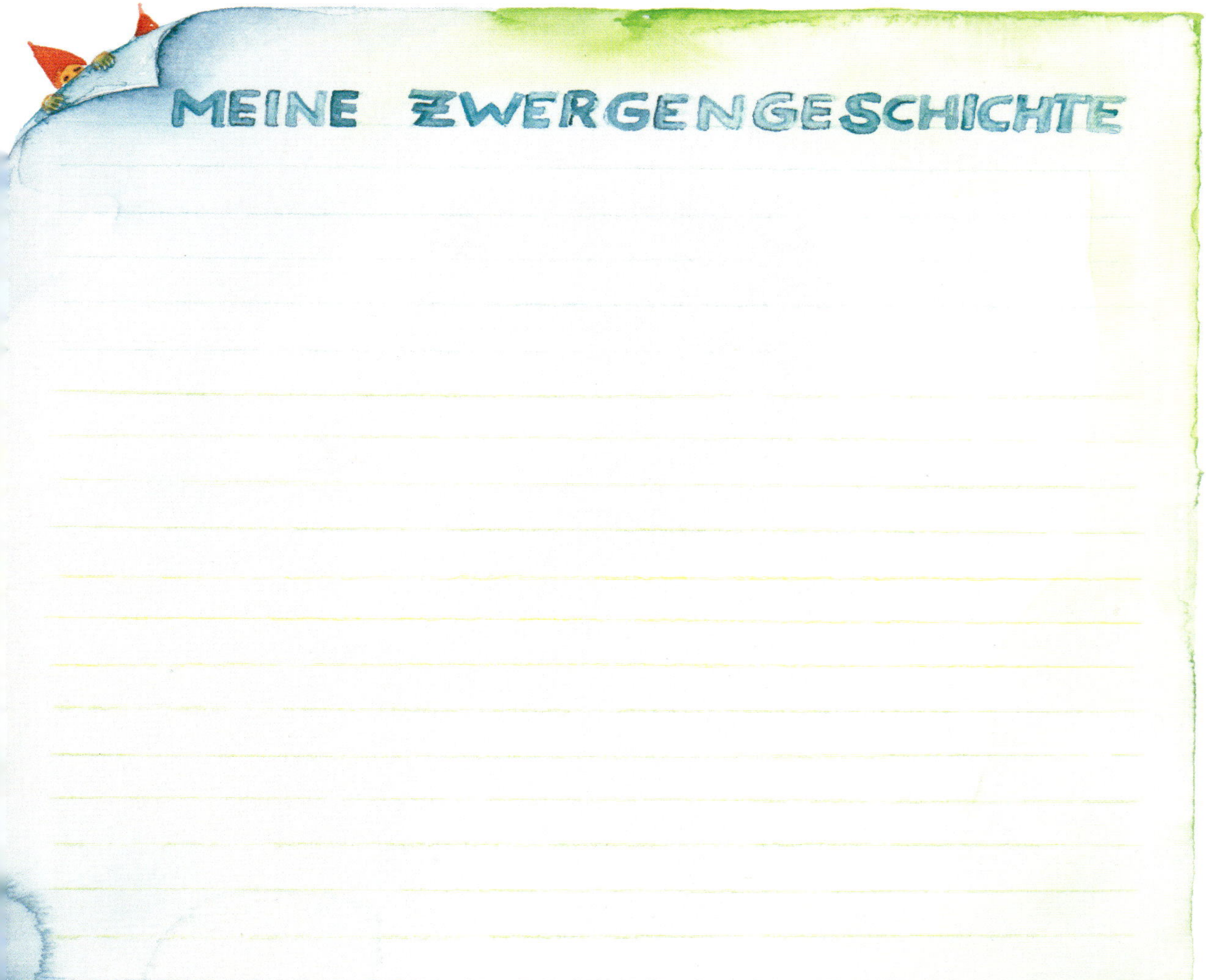

Wenn diese Seite für die Geschichte nicht ausreicht, so schreibt man auf einem schönen Blatt im gleichen Format wie das Buch weiter und legt es mit dazu.

8. Wie gestaltet man einen Zwerg für Kinder?

Möchte man einen Zwerg für die Kinder herstellen, so sollte man das in Ruhe und mit guten Gedanken tun.

Wer Kinder liebt, wer Pflanzen, Tiere, Steine, Wälder etc. achtet und bewundert, erhält dadurch schon vielfältige Inspirationen. Es wird ihm nicht so schwer fallen, eine schöne und «richtige» Form für seinen Zwerg zu finden. Allerlei Anregungen finden wir ja in den Märchen und Sagen, siehe auch Kapitel 2 und 3. Dort werden die Zwerge sehr genau beschrieben. Die Gestaltung der «Haarigen Mag» oder des «Alpmanndli» wurde z.B. durch die Volkspoesie inspiriert.

Die Vorschläge in diesem Buch sollen dazu ermutigen, vielleicht einmal eine eigene Figur zu entwickeln. Sie liefern sozusagen das «Know how». Auch wer sich vorsichtshalber erst einmal genau an die Arbeitsanleitungen hält, läßt in seine Figur ganz unbewußt viel Eigenes hineinfließen, um so mehr, je intensiver er sich mit Märchen und Naturbetrachtungen befaßt. Und so kann aus dem Zwerg viel eher eine Individualität werden. Betrachtet man ihn z.B. einen Tag nach der Fertigstellung, spürt man meistens sehr deutlich, ob er «belebt» ist oder nicht, ob er einen «anspricht«.

Einen Gnom zu gestalten, kann dann zu einer Gratwanderung werden, wenn man unsicher ist, deshalb hier ein paar Hilfen:

Auf keinen Fall dürfen Clowns, Hampelmänner oder Kasper, Püppchen oder tierartige Wesen entstehen. Der Zwerg sollte auch nicht kitschig, zu süß, zu putzig oder grimmig, grotesk und furchteinflößend aussehen. Auch wenn die Gebrüder Grimm von schiefmäuligen, blumenkohlgesichtigen Gnomen berichten, geben wir unserem kleinen Gesellen doch eine einigermaßen gefällige Gestalt, die den Kindern gefällt. Sie sollte originell sein, und auch einen gewissen Witz haben. Übertreibungen wie knollige Nasen, abstehende Ohren, große Füße, und Bärte die auf dem Boden schleifen, sind erwünscht, ebenso ein mehr oder weniger ausgeprägter Buckel und ein charaktervoller Kopf, der im Verhältnis zum Körper relativ groß ist. Interessant sind auch komische Details, die etwas über die Eigenarten oder Aufgaben des Gnomen aussagen könnten und prägnante Kopfbedeckungen. Als Hautfarben wählen wir beige, grau-beige, gelblich-grau, bläulich-grau oder grünlich, nie rosa, je nachdem um welche Zwerge es sich handelt. Sind sie Pflanzen oder Steinen zugeordnet, so sucht man die Farben der Kleidung danach aus. Hauszwerge lieben bekanntlich bunte Kleider, mit viel Rot daran.

Je jünger die Kinder sind, um so einfacher sollte der Zwerg sein (Siehe dazu die Vorschläge in Kapitel 7). Er braucht dann noch kein Gesicht. Augen, Mund und Nase werden von der Fantasie des Kindes «eingesetzt» und sind so viel lebendiger. Alle detailliert ausgeformten Zwergenfiguren im 9. Kapitel sind für Kinder etwa ab dem 5., 6. Lebensjahr gedacht.

Es versteht sich von selbst, daß wir nur ausgesuchte Naturmaterialien verarbeiten, keine Synthetikgarne, synthetisches Füllmaterial und Kunststoffe. Auch der dünne Filz für die Schuhe sollte aus Wolle sein, die Stick- und Nähgarne aus Baumwolle oder Seide.

Bei der Herstellung eines Zwerges läßt man die Kinder lieber nicht zuschauen. Bei manchen Arbeitsschritten sieht die Figur recht jämmerlich aus. Der Zwerg verliert an Zauber, wenn die Kinder ihn so sehen. Manche würden sogar leiden, wenn sie sehen, wie mit der Nadel am Zwerg herumhantiert wird. Man kann sie mit einbeziehen, indem man sie die Farben für den Anzug aussuchen läßt.

Beim Nähen der Schuhe und Stricken der Mütze dürfen sie zuschauen oder soweit es geht mithelfen, das wird für sie sehr «spannend» sein. Ansonsten sind die Kinder unterdessen damit beschäftigt, das Zwergenreich einzurichten. Oft haben sie sich ja einen ganz bestimmten Zwerg gewünscht und wissen, was diesem besonders gut gefällt: viele Steine und Kräutersträußchen dem Alpmanndli, bunte Blumen und Tücher dem Glöckchenzwerg usw. Mit großem Eifer gestalten sie das Reich aus und «locken damit ihren Gnom an.» Erst wenn das Zwergenreich fertig ist, stellt sich der kleine Geselle ein.

Vom Umgang und Spiel mit Zwergen

Wünscht sich das Kind einen Zwerg zum Spielen, so denkt es manchmal schon an einen ganz Bestimmten. Dementsprechend wird dann das Reich gestaltet und eingerichtet, denn das Zwergenreich steht ja immer am Anfang und ist schon eine Weile fertig, bevor der Gnom sich einstellt. Während der Wartezeit hören die Kinder gern Geschichten, Gedichte und Lieder, die von Zwergen, aber auch von Pflanzen und Tieren handeln. Wie groß ist die Freude, wenn der kleine Geselle eines Tages endlich eingezogen ist.

Mit der Zwergenecke sollte sich immer ein Zauber, ein Geheimnis verbinden und die Kinder werden nicht jedem von diesem Geheimnis erzählen. Sie spüren auch sehr schnell, daß es sich hier nicht um ein Spielzeug wie eine Puppe oder ein Kuscheltier handelt und das man daher auch anders damit umgeht. Ein Zwerg wird nicht gefüttert oder erzogen oder im Puppenwagen herumgefahren. Der Erwachsene achtet darauf, ohne sich allzu sehr einzumischen, daß das Zwergenreich nicht unordentlich wird. Niemals darf ein Zwerg lieblos auf dem Fußboden herumliegen oder in einer Zimmerecke verstauben. Doch soweit kommt es zum Glück meistens gar nicht, denn ein schönes, fantasievolles Zwergenreich verliert seine Anziehungskraft nicht so schnell. Die Kinder gestalten und bauen es immer wieder liebevoll aus und um. Sie bringen ihrem Zwerg schöne Dinge, wie Wurzeln, ein rundes Moospolster, Eischalen aus denen Vögel geschlüpft sind, etc. aus dem Wald mit. All dies wird dann ganz besonders genau betrachtet und so können sich daraus interessante Gespräche zwischen den Kindern und den Großen entwickeln. Manche Kinder füllen das Zwergenkrüglein jeden Abend mit Früchtetee und legen kleine, selbstgebakkene Kuchen auf den Tisch von Birkenholz. Die Mutter oder der Vater sorgen, natürlich heimlich, «hinter den Kulissen», dafür, daß der Zwerg auch alles «schön brav ißt und trinkt», was ihm die Kinder hinstellen. So wird das Zwergenreich mit der Zeit immer bunter und größer und oft stellen sich dort auch noch Tiere ein. Man wählt daher den Platz von Anfang an nicht zu klein.

Ein Spielvorschlag:

Alle Zwerge treffen sich einmal im Jahr zu der großen Versammlung beim Zwergenkönig tief im Inneren der Erde. Dort berichten sie von ihren Erlebnissen mit den Menschen.

Die Kinder schnüren ihrem kleinen Freund dann rechtzeitig ein Bündel und geben ihm z.B. eine Nuß, vielleicht sogar ein Ersatzhütchen (das die Oma noch schnell gestrickt hat) oder einen Glücksbringer mit auf die weite Reise. Wenn sie dem Zwergenkönig einen Brief schreiben möchten, so wird der sicher ankommen! Nach ein paar Wochen ist das Männlein dann plötzlich wieder da und schaut lustig aus seinem Reich heraus. Manchmal haftet noch ein wenig Erde an seinen Schuhen oder der Mütze. In seinem Bündel befindet sich vielleicht ein Edelstein oder der Antwortbrief vom Zwergenkönig in klitzekleiner Schönschrift! Besonders groß ist die Überraschung, wenn ein neuer Gefährte mitgekommen ist, um fortan auch in dem feinen Zwergenreich zu wohnen.

So gibt es unzählige Möglichkeiten mit einem Zwerg zu spielen. Manchmal kommt es darauf an, um welchen «Zwergentyp» es sich handelt, denn die Zwerge haben ja oft verschiedene Aufgaben. Weitere Vorschläge gibt es jeweils am Anfang der Arbeitsanleitungen.

Das sollte man nicht tun:

Einen Zwerg vor den Augen der Kinder kaufen.
Einen Zwerg als Geschenk verpackt überreichen.
Dem Kind einen Zwerg aufdrängen.

Manche Kinder wollen es ganz genau wissen, ihnen kann man erklären, daß die echten Zwerge unsichtbar sind. Aber sie (die Zwerge) freuen sich, wenn man an sie denkt, Geschichten von ihnen erzählt und mit schönen, z.B. gestrickten Zwergen spielt. Sie schauen auch, für uns Menschen unbemerkt, zu, wenn ein Gnom zum Spielen entsteht. Denen, die Zwerge herstellen, schicken sie dann meistens die richtigen Ideen, damit sie die Figuren schön und richtig gestalten können. Zum «Begutachten» kann man einen «neuen» Zwerg z.B. auf einem Waldspaziergang mitnehmen oder für eine Nacht in den Garten bringen. Dort können ihn die echten, unsichtbaren Zwerge anschauen. Manchmal geben sie ihm dann noch den letzten «Schliff» oder sie zeigen auf andere Weise, daß sie mit ihm «einverstanden» sind, wie am Ende der Geschichte vom Erdbeerzwerg auf Seite 31 beschrieben.

Wenn dann die Kinder heranwachsen, werden sie sich nicht mehr für ihren Zwerg interessieren, der jetzt nur noch eine leere Hülle ist. Doch alles, was sie mit ihm erlebten, hat sich umgewandelt in ein inneres Bild und ist so zu einem «Schatz» fürs Leben geworden.

Eine Kindergärtnerin im Ruhestand erzählte mir, daß sie die Zwerge von früher, die einst für ihre Kindergartenkinder wie auch für ihre eigenen wichtig waren, noch immer in einem Winkel ihrer Diele «pflegt». Kommen heute ihre Enkelkinder oder die Nachbarskinder zu Besuch, führt sie ihr erster Weg oft zu den Zwergen und sie schauen was es neues gibt im Zwergenreich. Manchmal bringen sie kleine Geschenke mit. Einmal war sogar ein Milchzahn dabei!

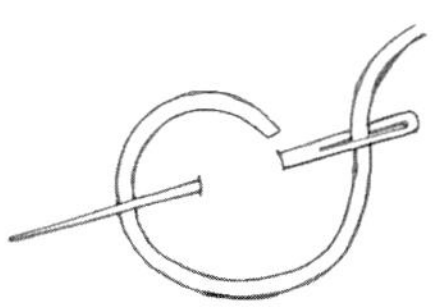

1. Schlingstich:
Der Faden liegt unter der Nadel, man sticht in denselben Einstich zurück bzw. ganz knapp neben den Stich, aus dem die Nadel herauskam

1a:
mit einem kleine Stich wird die Schlinge gehalten (Augen)

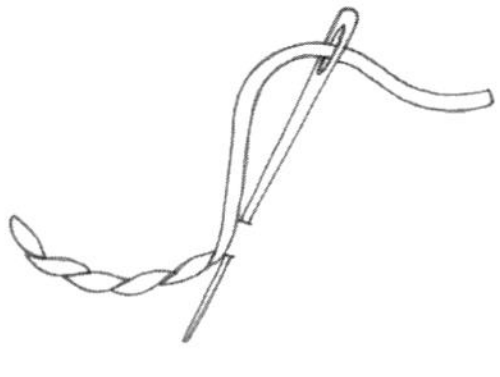

2. Stielstich:
Die Stiche schmiegen sich dicht aneinander, so entsteht eine feine Linie (Mund des Schneeflockenelf)

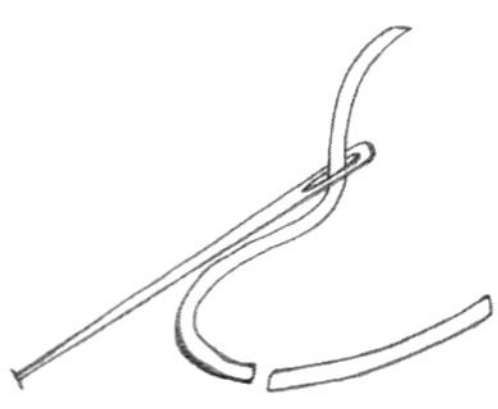

3. langer Spannstich

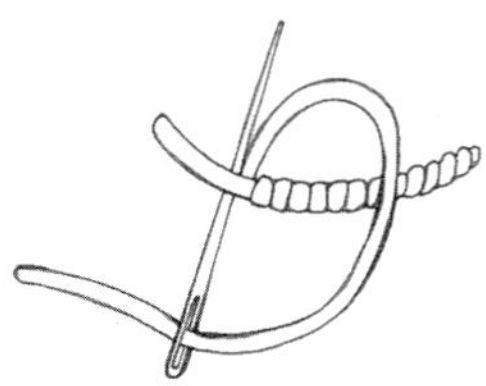

5. überfangener (umschlungener) Spannstich (Mund)

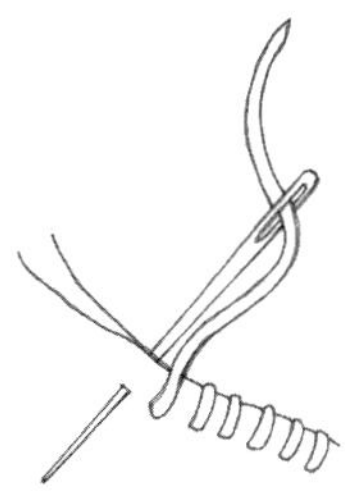

6. überwendliche Stiche zum Zusammennähen von Filzlagen

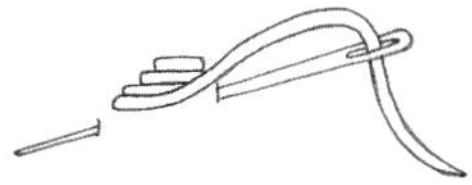

4. kürzere, eng übereinander liegende Spann- oder Plattstiche (Augen, Mund)

Verschiedene Sticharten, die bei den Arbeitsanleitungen benötigt werden

9. Arbeitsanleitungen

Erdbeerzwerge (Märchenwolle und Handfilz)

Zum Spielen mit den Erdbeerzwergen möchte die Geschichte auf Seite 31 anregen.

Wer solch einen zierlichen Erdbeerzwerg herstellen möchte, sollte ein wenig Erfahrung im Umgang mit Märchenwolle und mit der Filztechnik mitbringen.

Material:
Ungesponnene, pflanzengefärbte Wolle (Märchenwolle), insgesamt ca. 50 g (30 g Körper, 20 g Mütze und Schuhe).

Farben:

Kopf, Arme, Hände:	hell-gelbgrün
Rumpf, Beine, Füße:	maigrün oder erdbeerblättergrün
Mütze, Schuhe:	erdbeerrot
Sticktwist (Gesicht)	mittel- und dunkelgrün
Für das «Innenleben»	Biegeplüsch (Veloursdraht)
Grüne Nähseide	

Herstellung:
Den Veloursdraht nach der Skizze biegen, den Rumpf fest, kreuz und quer, windelartig zwischen den Beinen, kreuzweise um Brust und Rücken, mit maigrüner Märchenwolle bewickeln.

Nun wird der Rumpf angefilzt, das gibt ihm die nötige Stabilität, denn ein Erdbeerzwerg erhält keinen weiteren Anzug. Das ganze Teil in ca. 40° warmes Wasser tauchen und mit gründlich eingeseiften Händen zunächst sehr vorsichtig reiben und kneten. Die herausragenden Arm- und Beindrähte sind dabei etwas hinderlich und werden, soweit es geht, weg gebogen. Die Wolle darf beim Filzen nicht verrutschen! Schon nach kurzer Zeit, man spürt es sehr deutlich, ist die Oberfläche angefilzt, so daß etwas energischer gearbeitet werden kann. Nach ca. 10 bis 15 Minuten ist der Rumpf soweit fertig und kann mit kaltem Wasser ausgespült werden. Es dürfen keine Seifenreste zurück bleiben.

Nun haben wir einen stabilen Rohling, mit eingefilzten Arm- und Beindrähten vor uns. Auch wenn er noch nicht ganz trocken ist, kann mit der Arbeit fortgefahren werden.

Innenleben aus Biegeplüsch (Veloursdraht)

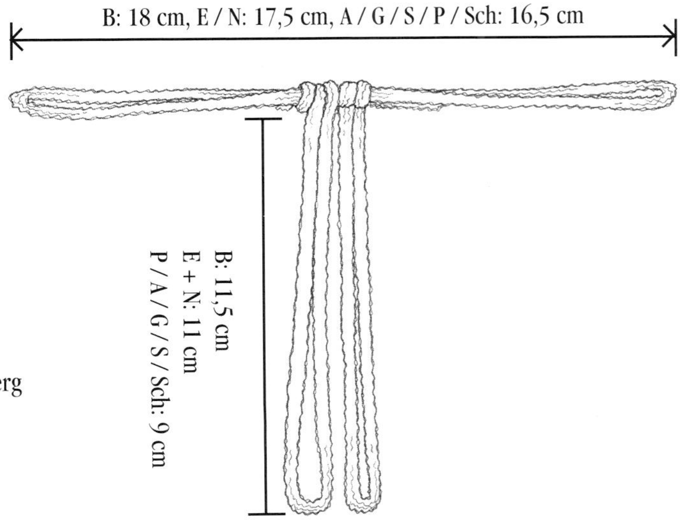

A = Alpmanndli

B = Brownie

E = Erdbeerzwerg

G = Glöckchenzwerg

S = Sommerwiesenzwerg

Sch = Schneeflockenelf

P = Pilzkappengnom

N = Narzissenmännlein

Im Bereich der «Knicks», der Hand- und Fußbereiche den Draht etwas aufbiegen und separat mit einer dünnen, lang ausgezogenen Lage Märchenwolle bewickeln (Skizze). Das Ganze wieder leicht zusammen drücken und nun Arme und Beine gleichmäßig, vollständig bewickeln. Sie dürfen nicht zu dick werden. Oberschenkel und Oberarme etwas dicker bewickeln als das Übrige. Arme und Beine werden nicht angefilzt. Sie müssen ganz dicht an den Filzrumpf heran gewickelt werden. Auf keinen Fall darf irgendwo der Draht sichtbar sein.

Kopf:
Aus irgendeinem Wollrest ein kleines festes Knäuel wikkeln (etwa haselnußgroß). Da herum etwas hellgrüne Märchenwolle schlagen und filzen wie beim «Schneeflokkenelf, Seite 88 beschrieben.

Aufgepaßt! Das Köpfchen eines Erdbeerzwerges ist breiter als hoch. Daher die Kugel während des Filzens immer mal wieder in einer Richtung zwischen den Handflächen rollen, so daß eine leicht walzenartige Form entsteht (Pausbacken). Der fertige Kopf sollte an seiner breitesten Stelle einen Umfang von ca. 10 cm haben (s. Skizze).

Dann den Kopf mit doppelter grüner Nähseide an den Rumpf nähen. Diese Arbeit muß sehr sorgfältig ausge-

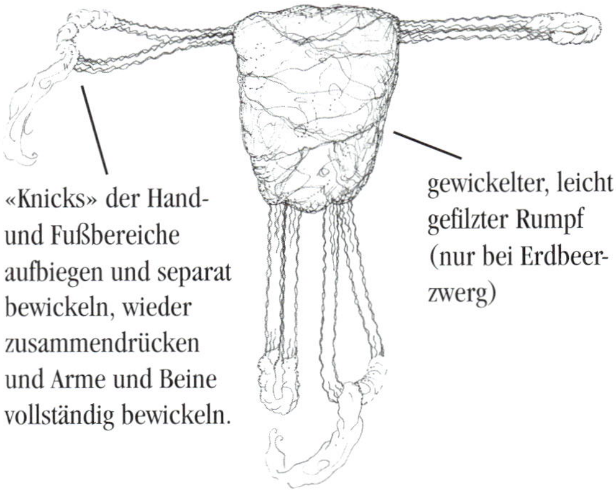

«Knicks» der Hand- und Fußbereiche aufbiegen und separat bewickeln, wieder zusammendrücken und Arme und Beine vollständig bewickeln.

gewickelter, leicht gefilzter Rumpf (nur bei Erdbeerzwerg)

Das fertig gefilzte Köpfchen ist breiter als hoch und sollte an seiner breitesten Stelle einen Umfang von ca. 10 cm haben

Mütze und Schuhe (Schablonen in Originalgröße)

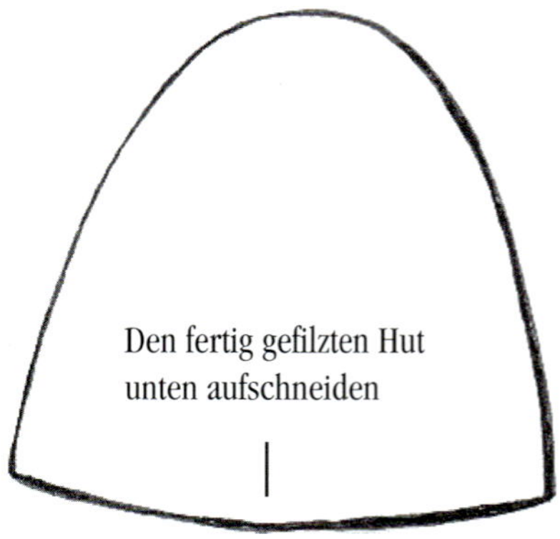

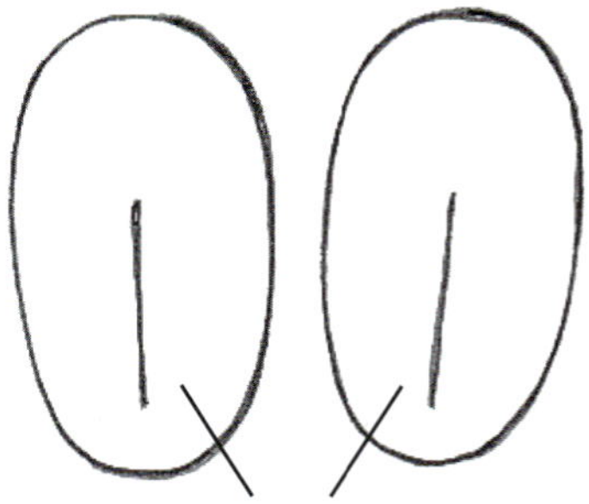

Die fertig gefilzten Schuhe hier einschneiden

Gesicht

Augen:
etwas schräg aus je einem Spannstich (dunkelgrün) mit je einem hellgrünen Stich überfangen

Nase:
1 Spannstich mit mehreren kleinen Stichen (dunkelgrün) überfangen

Mund:
2 Spannstiche hellgrün

Dach der Erdbeerzwerghütte (Schablone)

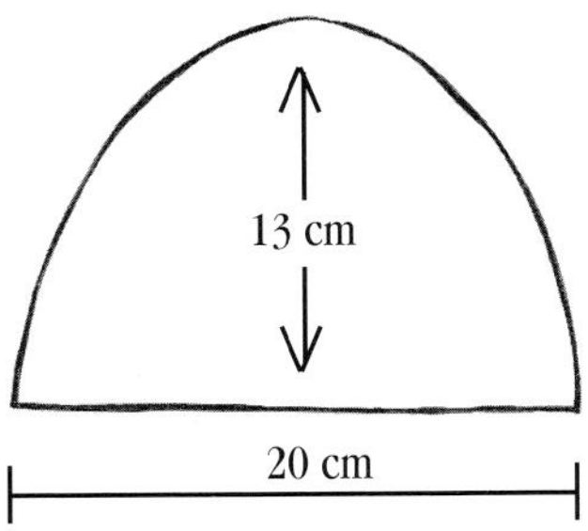

Beim Ausschneiden rundherum noch ca. 5 cm zugeben (Schrumpfung)

führt werden, denn der Kopf darf später weder wackeln, noch sollten irgendwo die Stiche zu sehen sein. Je weiter man den Kopf auf die Brust schiebt, um so ausgeprägter wird der Buckel sein.

Mütze und Schuhe werden wieder gefilzt. Die Schablonen (Skizze) aus dünnem, festem Karton ausschneiden und mit der erdbeerroten Märchenwolle vollständig, breitflächig bewickeln, etwa 10 g für die Mütze und je 5 g für die Schuhe! Das ganze Päckchen vollständig mit warmem Wasser durchnässen, einseifen und zwischen den Handflächen reiben. Zunächst sehr vorsichtig und später, wenn alles schon etwas angefilzt ist, kräftiger bearbeiten. Die Wolle währenddessen immer gut gegen den Schablonenrand drängen, damit die gewünschte Form entsteht. Nach etwa 20 Minuten dürfte das Hütchen soweit fertig sein, pro Schuh werden etwa 10 Minuten benötigt. Die Teile an den entsprechenden Stellen aufschneiden (Skizze), den aufgeweichten Karton entfernen und den Filz gründlich ausspülen.

Während Mütze und Schuhe trocknen, sticken wir das **Gesicht**, wie die Skizze zeigt. Der Erdbeerzwerg hat ein feines, kleines Gesicht aus grünen Spannstichen. Die Augen stehen etwas schräg, Mund und Nase sind ungefähr gleich breit.

Nach Wunsch aus grüner Märchenwolle Bart und Haare, nicht zu üppig, anheften. Erdbeerzwerge brauchen nicht unbedingt einen Bart! Die rattenschwanzartige Frisur des Erdbeerweibleins entsteht so: Einen langen, dünnen, grünen Märchenwoll-Flusen in eine dicke Nadel fädeln und von einem (imaginären) Ohr zum anderen, quer durch den Kopf ziehen. Manchmal schafft man es nur mit Hilfe einer Zange, die Nadel durchzuziehen! Die Enden der Rattenschwänze zwischen den Fingerspitzen zwirbeln. Ist die Wolle zu spröde, dabei etwas Lanolin verwenden.

Mütze mit einigen kleinen Spannstichen (grüner Sticktwist) versehen, so wird sie einer Erdbeere ähnlicher. Mütze aufsetzen und annähen. Füßchen hochbiegen und Schuhe anziehen. Schuhe mit kleinen, sichtbaren, grünen Stichen an die Füße nähen. Die Beine noch ein Stück ganz sparsam mit dünnen Märchenwollsträngen bewickeln, dann sieht es so aus, als hätten die Schuhe Riemchen.

Zum Schluß versehen wir die Wangen des Erdbeerzwerges mit einem orangeroten Hauch (Buntstift) und umwickeln seinen Körper mit zwei – wenn möglich – echten Erdbeerblättern. Dieser «Schurz» wird mit einem grünen

Faden direkt unter den Ärmchen zusammen gehalten. Wer keine Erdbeerblätter hat, nimmt Blätter von Bäumen oder z.B. vom Breitwegerich. Dieses «Gewand» muß natürlich von Zeit zu Zeit erneuert werden, das macht den Kindern dann besonders viel Spaß!

Eine Hütte für die Erdbeerzwerge

Material:
Holzplatte, ca. 30 x 30 cm, 1 – 2 cm dick
14 Rundhölzchen (z.B. Anbindestäbe für Pflanzen), auf je 10,5 cm zurechtgeschnitten
frische Weiden- oder Haselnußruten
Binsen, Schilf ö.ä.
Bast zum Binden
50 g rote, ungesponnene Wolle (Märchenwolle)
Kernseife
Sticktwist in grün

Werkzeug:
Säge, Bohrer und Zirkel

Herstellung der Seitenwände und des Dachgerüstes:
(Entnommen aus «Wir bauen jetzt ein Haus»)

Auf die Holzplatte einen Kreis im Durchmesser von 20 cm zeichnen und darauf 14 Bohrungen, ca. 0,5 cm tief, verteilen. Achtung! Diese Löcher sollten in etwa dem Durchmesser der zugeschnittenen Rundhölzchen entsprechen. Im Eingangsbereich den Abstand zwischen den Bohrungen größer lassen. Anschließend die Hölzchen versenken, evtl. vorher mit etwas Holzleim versehen. Nun wird dieses Gerüst mit Binsen oder Schilf umflochten, Türöffnung aussparen! Die letzten 2 bis 3 Webreihen, also der Abschluß, sollte unbedingt aus Weiden- oder Haselnußruten bestehen, damit das Ganze haltbarer wird. Drei, in diesem Fall ca. 53 cm lange, geschmeidige Weidenruten bilden die «Kuppel». Sie werden oben, an den Überkreuzungen, mit Bast zusammengebunden. Sie schmiegen sich durch die Spannung innen an die Seitenwände der Hütte an und werden dort an sechs der versenkten Hölzchen festgeschnürt (siehe Abbildung). Um die so entstandene Dachwölbung zur Stabilisierung einen Kuppelring aus dünneren Weidenzweigen formen und festbinden.

Dach aus handgefilzter Wolle

Zunächst schneidet man aus festem Karton eine Schablone in Form des Daches aus, wie die Skizze zeigt. Die angegebenen Maße sind auf die oben beschriebene Hütte abgestimmt, sonst gilt: Durchmesser des Grundrisses sowie Höhe des Daches aufzeichnen und rundherum ca. 5 cm zugeben, fertig ist eine Schablone zum Handfilzen.

Die rote Wolle in mehreren dünnen, breitflächig ausgezogenen Lagen gleichmäßig um die Schablone wickeln, Öffnungen müssen nicht berücksichtig werden! Dann in die Mitte dieses Päckchens einen «See» von ca. 40° warmem Wasser gießen. Von der Kernseife Späne abschaben und darüber streuen. Nun mit sanften, kreisenden Bewegungen die eingeseiften Hände über die nasse Fläche gleiten lassen. Das ganze Paket muß vollständig durchfeuchtet und eingeseift sein. Darauf achten, daß die Wollmasse nicht wie ein «Pfannekuchen» über den Rand der Pappform hinausrutscht. Daher immer wieder mit der Handkante rund um die Form fahren und die Wolle zurückdrängen. Überschüssiges, abgekühltes Wasser von Zeit zu Zeit abdrücken und durch neues, heißes wieder ersetzen. Spürt man wie sich die Wolle langsam unter den Händen verdichtet, also filzt, muß kräftiger gerieben und gedrückt werden. Das Stück immer wieder wenden und von beiden Seiten gleichmäßig bearbeiten. Nach ca. 30 bis 40 Minuten wird unten aufgeschnitten, die aufgeweichte Schablone entfernt und das Ganze umgekrempelt. Anschließend bearbeitet man die Innenseite noch etwa 15 Minuten lang auf die gleiche Weise. Dann spült man das Stück sehr gründlich mit klarem, kaltem Wasser aus. Im Bereich der Tür wird dieses Dach einige Zentimeter eingeschnitten, wie auf der Abbildung zu erkennen. In noch feuchtem Zustand wird es mit grünen Schlingstichen (Sticktwist) bestickt, so wird es einer Erdbeere ähnlicher. Gleich anschließend zieht man das Dach über das Gerüst, es paßt sich besser an, wenn es noch feucht ist, und schnürt es an.

Erdbeerzwergenreich in einem alten Tisch (im Freien mit echten Pflanzen)

Ein alter Tisch, dem die Platte fehlte, wurde in ein Zwergenreich verwandelt. Zunächst bekam er einen Anstrich, um ihn witterungsbeständiger zu machen. Dann wurde von unten feinmaschiger Draht dagegen genagelt und anschließend noch zwei Bretter, um das Ganze abzustützen. Alles Weitere wie auf Seite 80 bei den «Sommerwiesenzwergen» beschrieben, nur daß hier, anstelle von Moos und Gras, echte Erdbeerpflanzen eingepflanzt wurden. In diesem Reich wird nun die Hütte plaziert. Den kleinen Garten können die Kinder dann noch mit schönen Steinen und Schneckenhäusern ausgestalten. Die Schneckenhäuser auf der Abbildung wurden mit einem Wachsklumpen gefüllt, auf ein Stöckchen gedrückt und ins Erdreich gesteckt. Ist das Erdbeerzwergenreich dann endlich fertig, heißt es: noch ein paar Tage geduldig warten, bis das erste Männlein erscheint. Mit dem Erdbeerzwergenreich werden die Kinder einen ganzen Sommer lang herrlich spielen.

Waldgeister

Material und Werkzeug:
Gefundene Holz- und Wurzelenden, Tannenzapfen, Schnitz- oder Taschenmesser, evtl. Säge, Schmirgelpapier, Farben, Knetwachs.

Wer sich häufig im Walde aufhält, findet fast auf Schritt und Tritt schöne Wurzeln, Aststückchen oder dergleichen, aus denen sich «Waldgeisterchen» zaubern lassen. Manche der Fundstücke sind gegabelt und vielverzweigt, andere gewunden, mit allerlei Knoten, Verdickungen und Maserungen, mit und ohne Borke daran. Meistens lohnt es sich, wenn man sich einmal mehr bückt, um solch ein Stück etwas genauer zu betrachten. Auf einmal entdeckt man vielleicht zwei «Augenhöhlen» oder eine vorwitzig nach oben gestreckte «Zwergennase». Sieht dieses kleine Wurzelende nicht aus wie ein Männlein mit Zipfelmütze, das seine Hand wie zum Gruße erhebt? Und schaut dort nicht ein etwas trauriges Zwergenweiblein-Antlitz aus einem Rindenspalt heraus? Mit wenig Aufwand und etwas Geschick lassen sich solche Zufälligkeiten oft ganz leicht herausarbeiten und betonen. Dabei ist man nicht selten überrascht, was – und wer – dabei zutage tritt. Kinder arbeiten hier besonders gerne und geschickt mit. Hier und da wird das Schnitzmesser oder Taschenmesser gebraucht, z.B. um die Mundform des Wurzelmännchens harmonischer zu gestalten oder die noch fehlende zweite Augenhöhle herauszuschnitzen etc. Solche Arbeiten können schon gleich an Ort und Stelle im Walde ausgeführt werden. Schöne Maserungen werden auffälliger, wenn man die entsprechende Stelle zu Hause mit Sandpapier schmirgelt und ein wenig ölt. Mit etwas Farbe wird das Stück vollendet. Aufgepaßt! Es sollen keine Fratzen entstehen. Gedeckte Farben verwenden, grelle Töne passen nicht zu einem Waldwesen. Bitte auch nicht «wild darauflos malen», sondern sich einfühlsam nach den Gegebenheiten des Stückes richten. Andeutungen sind oft wirkungsvoller als Übertreibungen. Dort wo es hinpaßt, Bart und Haare mit wenig Wolle gestalten.

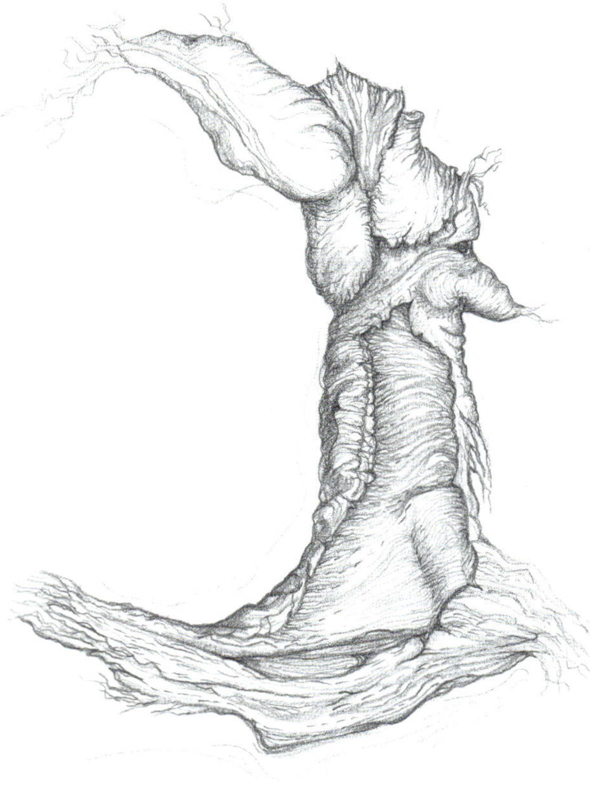

Zu den abgebildeten Beispielen:

Wurzelweiblein

Aus der großen Wurzel schauten andeutungsweise schon verschiedene Gesichter heraus. Die Bereiche, die wir bemalen wollten, wurden teilweise von der Rinde befreit und mit Sandpapier ein wenig geglättet. Damit die Wurzel stabil stehen konnte, sägten wir die Standfläche eben. Nuancierter als mit Plakafarben kann man Gesichter z.B. mit wasservermalbaren Farbstiften gestalten. Die zu bemalende Fläche dann vorher etwas anfeuchten. In diesem Beispiel wurden Pupillen, Nase und Lippen aus Knetwachs geformt. Wie man die Wurzel auch dreht und wendet, immer bietet sich ein anderes Bild. Auf der einen Seite schaut uns ein Gesichtchen etwas traurig oder staunend an, auf der anderen Seite erblicken wir ein schlafendes Waldweiblein, und oben versteckt sich auch noch «jemand».

Tannenzapfenzwerge

Das Erlebnis im Walde, beschrieben auf Seite 38 regte zur Gestaltung dieser vorwitzigen Tannenzapfenzwerge an. Köpfchen und Hände sind aus Knetwachs geformt.

Dort, wo sie in den Zapfen gedrückt wurden, hatten wir einige Schuppen vorsichtig entfernt. Am Schönsten ist es, wenn man eine ganze Schar dieser Kerlchen von einem großen Tannenzweig herunterhängen läßt und einige noch darunter legt. Manche der Tannenzapfen läßt man wie sie sind, dort haben sich die Zwerglein «zurückgezogen» und man kann sie zur Zeit nicht sehen!

Tip: So formt man Arme mit Händen: Zuerst eine kleine Knetwachsrolle herstellen. Mit einem dünnen Hölzchen (z.B. Zahnstocher) das eine Ende der Wachsrolle 4 x im gleichen Abstand längs eindrücken. So deuten sich die Finger an. Die Daumenlinie kann man dann noch durch einen kleinen Schnitt von den übrigen Fingern abteilen und in die richtige Haltung biegen. Haare, Augen und Mund werden mit dünner Wachsfolie gestaltet.

Tannenzapfenzwerge

Tip: Interessante Holzstücke findet man natürlich nicht nur im Wald, sondern auch an Flußufern, Gebirgsbächen und als Strandgut am Meer. Wenn im Spätwinter die Bäume in den Stadtparks und botanischen Gärten geschnitten und verjüngt werden, kann man dort auch das eine oder andere schöne Stück entdecken.

Maistrolle (Wurzeln und Bienenwachs)

Maistrolle sind frech und geschwätzig und sollten daher in Gruppen zusammenstehen. Die Kinder bauen ihnen ein Reich aus Moos und Steinen. Am liebsten stehen sie zwischen den Pflanzen auf der Fensterbank, aber bitte nur an der Nordseite!

Material:
Trockene Wurzeln mit Strunk, z.B. von abgemähten Maisstauden oder Sonnenblumenfeldern, Bienenwachs, farbiges Knetbienenwachs, eine hohe, schmale Blechbüchse (z.B. Kaffeedose)

Die Wurzeln, die wir brauchen, kommen dann zutage, wenn das abgeerntete Feld einmal umgepflügt wurde. Wir fanden sie im Februar. Die Wurzelstrünke hatten schon eine Weile am Feldrand gelegen. Sie waren naß und voller Erde, manche der Stämmchen gerissen und gespalten. Es sah aus, als wäre da eine Schar munterer Maiszwerge mit verzottelten Haarschöpfen übereinandergepurzelt. Siehe dazu die Geschichte «Die Maistrolle», Seite 30.

Zuerst wurden die Wurzeln abgespült und getrocknet, anschließend auf die gewünschte Länge gekürzt. Die abgebildeten Trolle sind 20 bis 25 cm lang. In der hohen schmalen Blechbüchse wurde dann das Bienenwachs erhitzt (im Wasserbad auf dem Herd). Dann tauchten wir die Wurzel kurz in das flüssige Wachs. Hat man nicht soviel Wachs, um Wurzel und Strunk in einem Stück auf einmal hineinzutauchen, so taucht man sie nacheinander, nachdem die eine Seite fest geworden ist, in das Wachs. Dieser Vorgang wurde 2 bis 3 mal wiederholt, es ist wie beim Kerzenziehen. Dann formten wir aus ganz wenig farbigem Knetbienenwachs Augen, Nase und Mund. Ohren und Bart bestehen aus naturfarbenem Bienenwachs, in diesem Fall fertig gekaufte Pellets oder Linsen. Nachdem alles vorsichtig aufgedrückt worden war, wurde die Wurzel noch einmal kurz in das Wachs getaucht. Eine dünne Wachsschicht überzog nun das Gesicht. Mit viel Fingerspitzengefühl kratzten wir mit Hilfe eines Zahnstochers das Wachs an Augen und Mund wieder ein wenig ab. So «öffnen» sich Augen und Mund, wenn die farbigen Partien wieder leicht hervorgeholt werden. Bei dieser faszinierenden Arbeit liegt immer eine besondere Spannung in der Luft, denn es ist immer wieder überraschend, welches Trollgesichtchen einen da plötzlich anblickt. Die Wärme und der Duft des Bienenwachses unterstreichen

Maistrolle sollten immer in Gruppen zusammenstehen

diese Atmosphäre. Bei dieser Arbeit können die Kinder von Anfang an mittun. Zum Schluß erhielt der Maisgeist noch eine Standfläche. Dazu wurde eine «Nudel» aus Knetwachs gedreht und unten um den Stiel gedrückt. Diesen Bereich dann ein letztes Mal in das Wachs tauchen und fertig ist das kleine Wachswesen.

Tip: Wer keine Maisstrünke findet, kann auch andere Wurzeln, die einen entsprechend dicken Stiel haben, verwenden, z.B. Sonnenblumen. Es macht nichts aus, wenn der Stiel beschädigt oder gespalten ist, denn durch das Tränken und Überziehen mit Wachs gewinnt er wieder an Stabilität. In diesem Beispiel wurde Bienenwachs in Form von Pellets (flache Tropfenform) verwendet. Man kann aber ebenso gut Wachsplatten mit Wabenprägung o.ä. verarbeiten. Gute Erfahrungen machten wir mit dünnen Wachsfolien bei der Gestaltung des Gesichtes.

Haarige Mag und Brownie-Mann (Zwei schottische Zwerge)

Das Reich der Haarigen Mag ist die Küche oder das Eßzimmer. Man kann sie sich als eine «ernsthafte Zwergenfrau» vorstellen, rechtschaffen und ein klein wenig streng, die alles was mit Küche und der Nahrungszubereitung zu tun hat, vortrefflich bestellt. Ihre Gestalt hat nichts «niedliches» an sich. Sie wechselt ihren Standort und wacht über alle Aktivitäten in der Küche, im Vorratsraum und im Eßzimmer. Einmal sieht man sie z.B. zwischen den Gewürzen stehen, dann wieder mitten im Gemüsekorb oder beim Geschirr. Von da aus schickt sie der Köchin Inspirationen für schmackhafte Speisen und sie freut sich immer über einen schön gedeckten Tisch. Wer möchte, gesellt ihr einen Brownie- Mann hinzu. Mehr über Brownies steht auf Seite 11 geschrieben.

Material: Strickwolle, am besten Strumpfwolle, da diese fest gezwirnt und nicht zu dick ist. Man entscheide sich für reine Wolle oder ein Gemisch aus Schafwolle und Baumwolle.

Nadelspiel 2½, selbst wenn auf der Banderole der Wolle Nadelstärke 3 empfohlen wird, arbeite man mit 2½, denn die Stücke müssen sehr fest gestrickt werden.

Farben: Karamel oder Braunrosa für Kopf, Hände und Füße, mittelbraun bis dunkelbraun für den Rumpf und die Arme. Die Mütze kann auch aus einem anderen Braunton gestrickt werden.

Schuhe: etwas dunkelbrauner und schwarzer Filz.

Des weiteren benötigen wir eine braune Holzperle für die Nase, Sticktwist (Baumwolle) in weinrot für den Mund und in moosgrün für die Augen. Haare: rotbraune und dunkelbraune, ungesponnene Wolle; naturbraune, ungesponnene Wolle zum Stopfen; Biegeplüsch (Veloursdraht) aus dem Bastelgeschäft.

Kopf

28 Maschen anschlagen, auf die 4 Nadeln des Nadelspiels verteilen, 20 Runden glatt rechts stricken. Dann von der 4. Nadel die letzte Masche abheben, von der 1. Nadel die erste Masche abstricken und die abgehobene darüber ziehen. Dann von der 1. Nadel die letzte Masche abheben, von der 2. Nadel die erste Masche abstricken und die abgehobene darüber ziehen, und so weiter, die ganze Runde! Anschließend zwei Runden normal darüber strikken. Dann wieder wie oben beschrieben weiter arbeiten, solange, bis auf jeder Nadel nur noch zwei Maschen übrig sind. Faden durch diese restlichen Maschen ziehen, zusammenziehen und auf der rechten Seite vernähen.

Ohren

10 Maschen anschlagen, 5 Reihen kraus rechts stricken, Faden durch alle Maschen ziehen, fest zusammenziehen und vernähen, so daß die Ohrmuschelform entsteht.

Körper

40 Maschen anschlagen, auf 4 Nadeln verteilen, 28 Runden glatt rechts stricken. Dann abnehmen wie Kopf, bis auf jeder Nadel nur noch 5 Maschen übrig bleiben. Faden durch alle Maschen ziehen, zusammenziehen und vernähen.

Arme
20 Maschen anschlagen, 10 Reihen (eine Seite links, die andere rechts) stricken, abketten.

Hände
8 Maschen anschlagen, 8 Reihen kraus rechts stricken, durch alle Maschen einen Faden ziehen und zusammenziehen.

Beine mit Füßen
10 Maschen anschlagen, 20 Reihen kraus rechts stricken, zusammenziehen wie oben.

Mütze
36 Maschen anschlagen und auf das Nadelspiel verteilen, 30 Runden glatt rechts stricken und oben alle Maschen zusammenziehen.

Schuhe
Nach den Schnitten Schuhoberteile (braun) und Sohlen (schwarz) zuschneiden. Nahtzugabe ist nicht nötig! Die Sohle von der Spitze ausgehend mit überwendlichen Stichen an das Oberteil nähen. Zuletzt die Fersennaht schließen. Oben ein Schuhband durchziehen. Die Schuhe sind vorn leicht schnabelartig hochgebogen. Um diese Form zu halten und zu betonen, schneidet man aus dünnem Karton eine Sohle aus und legt sie in den Schuh ein. Dadurch wird der Zwerg später auch sicherer stehen können.

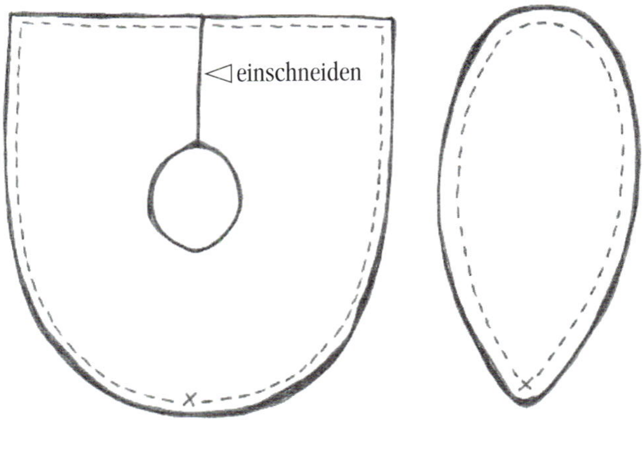

Schuhschnitt Brownie
und Schneeflockenelf (gestrichelt)

Das Charakteristische der Brownies ist ihre überaus üppige Haarfülle.

Fertigstellung

Sind alle Teile fertig gestrickt, legt man sie am besten in der richtigen Position vor sich auf den Tisch, wie das Foto zeigt. Alle Teile, die zur Kleidung gehören: Anzug (Rumpf), Arme und Mütze zeigen das glatt rechts gestrickte Maschenbild. Hände, Beine mit Füßen sowie der Kopf, dagegen die krause Oberfläche. Das Kopfteil daher umkrempeln und den Faden vom Zusammenziehen rechts vernähen, damit später ein schönes Kinn entsteht.

Den Kopf fest mit der ungesponnenen braunen Wolle ausstopfen, möglichst gleichmäßig und ohne daß sich Klumpen bilden. Die linke Seite, die das krause Maschenbild zeigt, kommt nach außen. Oben vorerst offen lassen, denn die «Nasenperle» muß ja noch an ihren Platz, aber dazu kommen wir später.

Der bereitliegende Biegeplüsch wird nun auf das richtige Maß zurechtgebogen, siehe dazu die Skizze auf Seite 47. Dann wird dieses Drahtgebilde in den Anzug geschoben: die Armdrähte links und rechts etwa in Höhe der 10. Masche von oben, vorsichtig durch das Gestrickte schieben, ohne es zu beschädigen. Das Ganze flach streichen und überprüfen: sind die Arme wie auch die Beine jeweils gleich lang? Jetzt ist noch Zeit, um zu korrigieren! Die Armdrähte ragen etwa 7 cm, die Beindrähte je ca. 3 bis 4 cm aus dem noch nicht gestopften Rumpfteil heraus. Nun den Körper mit der ungesponnenen, naturbraunen Wolle prall ausstopfen. Dabei die Drähte gut umpolstern und umstopfen, damit sie in der richtigen Position bleiben. Die Drahtkonstruktion sollte mitten im Körper liegen und beim Stopfen nicht abknicken. Darauf achten, daß die Beine nicht zu weit nach den Seiten oder zur Mitte rutschen. Das Ganze fest stopfen, jedoch nicht ganz so fest wie den Kopf, bis ein gleichmäßig kugeliger Rumpf entsteht. Jetzt macht es sich bezahlt, wenn fest und mit gut gezwirntem Garn gestrickt wurde. Dann den Schritt zwischen den Beinen über eine Breite von etwa 2 cm mit überwendlichen Stichen schließen. Durch kleine Rollrändchen, die ganz automatisch entstehen, deuten sich die Hosenbeine an. Biegt man die Arme nun nach unten, so sollten sie etwa bis zu den Rollrändchen hinunterreichen. Als nächstes die Ärmelnähte schließen, über die Armdrähte schieben und sorgfältig rundherum an den Rumpf nähen. Am Handgelenk noch ein kleines Bündchen umschlagen. Anschließend Nähte der Handteile ebenfalls schließen und wie einen Handschuh – denn die Maschen hatten wir ja schon an einer Seite zusammengezogen – auf das Drahtende unter das Ärmelbündchen schieben. Dort mit wenigen unsichtbaren Stichen (Nähseide) befestigen. Mit den Bein-Fußteilen ebenso verfahren. Den Füßchendraht etwas auseinanderbiegen, damit der Fuß eine gewisse Breite erhält, Füßchen in eine normale Form hochbiegen.

Nun wenden wir uns wieder dem Kopf zu. Wir schauen, welche Seite die Schönste ist, diese wird dann das Gesicht. Die braune Holzperle als Nase hineinschieben, nicht zu hoch plazieren, sonst bekommt der Zwerg eine zu niedrige Stirn und es bleibt zu wenig Platz für Haare und Kopfbedeckung, außerdem wird dann der Kinnbereich zu stark betont. Ist die endgültige Nasenposition gefunden, die Perle mit dünner brauner Nähseide möglichst unsichtbar abnähen, nicht abbinden! Jetzt erst wird die

Die «Haarige Mag» wacht über alle Aktivitäten in der Küche und im Vorratsraum.

Kopfnaht geschlossen, evtl. vorher noch etwas Wolle nachstopfen, denn der Kopf sollte ja recht fest sein. Den Kopf nun an den Rumpf nähen, jedoch nicht oben zwischen die Schultern, sondern mehr nach vorn, gegen die Brust. Daraus ergibt sich gleichzeitig der Buckel. Den Kopf rundherum gut annähen, er darf nicht wackeln und es sollte später auch kein Annähstich zu sehen sein. Die ganze Figur wird wieder kritisch überprüft: sitzt der Kopf fest und gerade? Das Kinn sollte ein wenig nach vorn geschoben sein. Kann die Nase an ihren Platz bleiben? Davon hängt der Gesichtsausdruck wesentlich ab! Mit einem Zwerg sollte man immer «ganz zufrieden», niemals nur «halbwegs zufrieden» sein. Also ggf. die kleine Kopfnaht noch einmal öffnen und die Nase verschieben. Nun werden Augen und Mund mit Sticktwist aufgestickt. Dazu sollte man viel Ruhe haben. Die Augen bestehen aus je zwei Schlingstichen (Skizze 1), einem größeren außen, in den ein kleinerer hineingestickt wird. Augen nicht zu hoch ansetzen. Die Augenunterkante sollte ungefähr eine Linie mit der Nasenoberkante bilden. Der Mund besteht aus einem etwa 2,5 cm langen Spannstich, der zunächst waagerecht knapp unter der Nase aufgestickt wird. Mit einem zweiten, sehr kleinen Stich wird er vertikal, genau in der Mitte überfangen und etwas nach unten gezogen, so daß der lächelnde Mundbogen entsteht (Skizze 2). Zum Schluß die Ohrmuscheln, nicht zu hoch und nicht zu nahe zum Gesicht hin, annähen. Wer die Schuhe bereits fertig genäht hat, kann sie seinem Zwerg schon anziehen. Nun steht er da, mollig, bucklig, lächelnd, aber noch kahlköpfig. Als letztes kommt das Haar, das bei diesen Zwergen ja sehr üppig ist, an die Reihe. Aus der rotbraunen und

Skizze 1

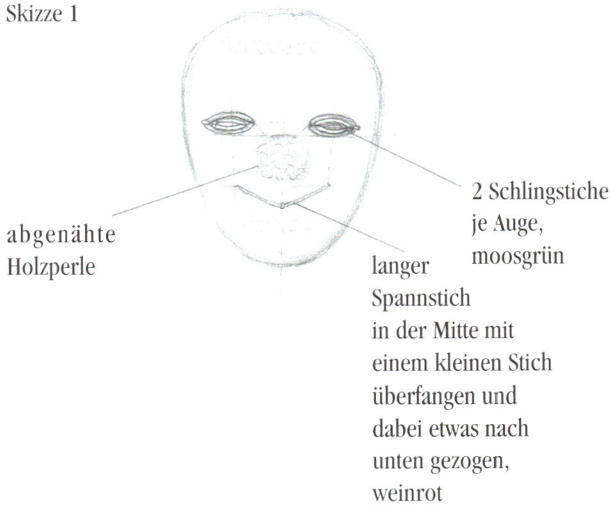

Skizze 2

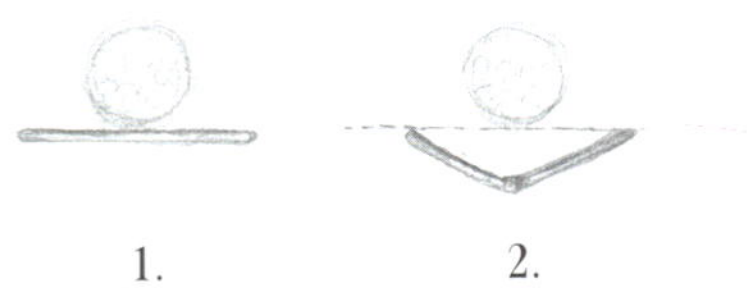

Spannstich, Mund

1. Den Stich waagerecht direkt unter der Nase anbringen.
2. Stich herunterziehen, mit einem kleinen Stich überfangen und befestigen.

dunkelbraunen, ungesponnenen Wolle formen wir eine kleine Matte (gut handtellergroß) und legen sie vor uns auf den Tisch. Die Fasern sollten im Wesentlichen alle in einer Richtung liegen. Die Mitte wird mit wenig warmem Wasser durchnäßt und vorsichtig eingeseift. Mit gut eingeseiften Händen diesen Bereich ein wenig reiben. Aufgepaßt: es darf kein Loch entstehen. Nach wenigen Sekunden schon verfestigt sich diese Stelle, sie filzt! Länger als 5 Minuten müssen wir nicht filzen und bitte nur die Mitte, nicht das ganze Stück filzen, denn rundherum wollen wir später die Haarfransen herauszwirbeln. Das ausgespülte, in einem Handtuch ausgedrückte Haarteil in noch feuchtem Zustand an den Kopf nähen, so paßt es sich der Kopfform noch besser an. Wir haben nun fast eine kleine Perücke mit einem dichten, gefilzten Mittelteil und rundherum hängt die ungefilzte Wolle. Beim Ansetzen richten wir uns nach dem - gedachten - Haaransatz und nähen evtl. auch einen Scheitel. Dank des gefilzten Oberkopfteils wird das Ganze recht haltbar. Achtung! Die Haare sollen eine einigermaßen hohe Stirn freilassen, sonst blickt der Zwerg zu finster, also den Haaransatz hier genügend nach hinten schieben. Ganz zum Schluß werden die Haarsträhnen herausgedreht. Diese Arbeit macht noch einmal besonderen Spaß, besonders weil wir zwei verschiedene Brauntöne verwendet haben und nun schön melierte Haarsträhnen entstehen. Zwischen den Fingerspitzen etwas Lanolin verreiben (reines Wollfett aus der Apotheke). Dann Wollsträhne für Wollsträhne abteilen und zwischen den Fingern zwirbeln. So entsteht langsam die charakteristische Haartracht der Haarigen Mag aus Schottland. Eine Strähne darf ihr über die Nase hängen und zwischen den Flechten lugen lustig die etwas abstehenden Ohren hervor. Jetzt fehlt nur noch die Strickmütze, die abnehmbar bleiben sollte, so wie ja auch die Schuhe an- und ausziehbar sind. Dann kann die kleine Zwergenfrau ihr Reich in Besitz nehmen.

Wer möchte, gesellt ihr mit der Zeit noch einen Brownie-Mann hinzu. Er wird auf die gleiche Weise hergestellt. Allerdings bekommt er einen schönen Bart aus rotbrauner Wolle und sein Kopfhaar sollte nicht so üppig sein wie das der Mag. Für den Bart nehmen wir etwas ungesponnene Wolle und filzen sie an einer Seite, der Annähseite, etwas an. Später dann aus der ungefilzten Seite die Bartfransen und -zipfel herauszwirbeln wie oben beschrieben. Den Bart knapp unter dem Mund annähen. Er sollte mit diesem einen Bogen bilden, daher die Filzkante vorher leicht rund schneiden. Aufgepaßt! Die Stiche vom Annähen sollten nicht zu sehen sein, daher den Bart von der Unterseite aus annähen.

Steingraue Alpmanndli

Die Schweizer Herdmanndli gelten in der Volkspoesie als den Menschen wohlgesonnen und besonders hilfreich, konnten aber Boshafte und Geizige in kürzester Zeit ins Verderben stürzen. Die Manndli kannten sich unter anderem bestens in der Alpenflora aus und wußten, wie Heilkräuter zu gesundheitsfördernden Mischungen zusammengestellt wurden. Weiteres über die Herdmanndli ist im dritten Kapitel dieses Buches zu lesen.

Unser kleines, gestricktes Alpmanndli ist ca. 12 cm groß und wiegt alles in allem knapp 50 g. Im Haus oder im Garten bekommt es ein Reich aus Steinen. Vielleicht bringen die Kinder ihm interessante Gesteinsbrocken aus den Ferien in den Bergen mit. Am Schönsten ist es, wenn mehrere Manndli zusammenstehen. Da gibt es Uralte und Steinalte, mit mehr oder weniger grauen Bärten. Dem ältesten Alpmanndli hängt der grausilberne Bart bis auf die Schuhspitzen herunter. Er hat den krummsten Rücken und stützt sich auf einen Stock. Den «jüngeren» Zwergen fehlt der Schnurrbart, ihr Bart ist dunkler und kürzer. Unsere Alpmanndli als Heilkundige könnten sich im Hause dort aufhalten, wo Kräuter, Tees oder auch Arzneien aufbewahrt werden. Ist ein Familienmitglied einmal krank, steht das Alpmanndli in seiner Nähe und sorgt für schnellere Genesung. Auch der Hustentee schmeckt den Kindern gleich besser, wenn ihn ein Alpmanndli gemischt hat.

Material: Strickwolle, z.B. Strumpfwolle, gut gezwirnt, Nadelspiel 2½, auch wenn auf der Wollbanderole Nadelstärke 3 oder sogar 4 angegeben ist, arbeite man mit dünneren Nadeln, denn es muß sehr fest gestrickt werden.

Farben: Steingrau für den Anzug, Beigegrau für Kopf, Arme mit Händen, Beine mit Füßen, Tannengrün für die Mütze.
Bart und Haare: Grau-melierte Schafwolle, gewaschen, aber nicht kardiert, mit vielen natürlichen Löckchen.
Mund: Violett-rosa Sticktwist.
Augen: Dunkelbrauner und schwarzer Sticktwist
Schuhe: Grüner und brauner Wollfilz.

Des weiteren: Biegeplüsch (Veloursdraht) aus dem Bastelgeschäft, graue, ungesponnene, kardierte Wolle zum Stopfen, weiße oder hellgraue, langfaserige Wolle zum Bewickeln des Drahtgestells.

Rast am Fuße eines bemoosten Baumes

Das älteste und das jüngste Alpmanndli

Tanz auf einer Kopfweide

Alpmanndli lieben Felsgestein

Alle fertigen Strickteile auf einen Blick

Bewickeln des Drahtgestells und Überziehen der Arme und Beine

Herstellung

Kopf: 24 Maschen anschlagen, auf die Nadeln des Nadelspiels verteilen, 20 Runden glatt rechts stricken. Abnehmen wie «Brownie-Kopf» S. 56, jedoch jeweils nur 1 Runde darüberstricken, solange, bis pro Nadel nur noch 3 Maschen übrig bleiben. Eine letzte Runde darüber strikken und die restlichen Maschen zusammenziehen.

Ohren: 8 Maschen anschlagen, 3 Reihen stricken (1 Reihe links, 1 rechts), Faden durch alle Maschen ziehen, zu der Ohrmuschelform zusammenziehen und vernähen.

Nase: 5 Maschen anschlagen, 4 Reihen glatt rechts strikken. Abketten.

Anzug: Der Anzug besteht aus einem Stück (Vorder- und Rückenteil, Ärmel, Hosenbeine). Nachdem das Vorderteil bzw. Rückenteil fertig gestrickt ist, nimmt man die 42 Maschen der Schulter-Arm-Linie auf und strickt das andere Teil gegengleich (spiegelbildlich) daran. Alles Weitere ist der Skizze auf Seite 63 zu entnehmen.

Hände und Unterarme: 10 Maschen anschlagen, 15 Reihen glatt rechts stricken, Faden durch alle Maschen ziehen, fest zusammenziehen und vernähen, Seitennaht schließen, so daß ein kleiner Schlauch entsteht.

Beine und Füße: 12 Maschen anschlagen, 20 Reihen stricken, alles weitere wie oben.

Mütze: 40 Maschen anschlagen, auf das Nadelspiel verteilen, 7 Runden glatt rechts stricken. In der 8. Runde jeweils die letzte und erste Masche jeder Nadel zusammenstricken, 1 Runde normal darüber stricken. Dann wieder wie 8. Runde usw. bis pro Nadel nur noch 4 Maschen übrig sind. 50 Runden normal darüber stricken, so entsteht die lange Zipfelmütze.

Schuhe: Nach dem Schnittmuster auf Seite 63 alle Teile ohne Nahtzugabe zuschneiden. Mit überwendlichen Stichen die Sohle, an der Schuhspitze beginnend, an das Oberteil nähen. Dann die senkrecht verlaufende Fersennaht schließen. Zuletzt am Schuhschaft rundherum ein Wollband durchziehen. Der Schuh wird stabiler und der Zwerg kann später wesentlich besser stehen, wenn wir eine kleine Sohle aus Karton ausschneiden und einlegen.

Schuhe Alpmanndli und Glockenzwerge (Originalgröße)

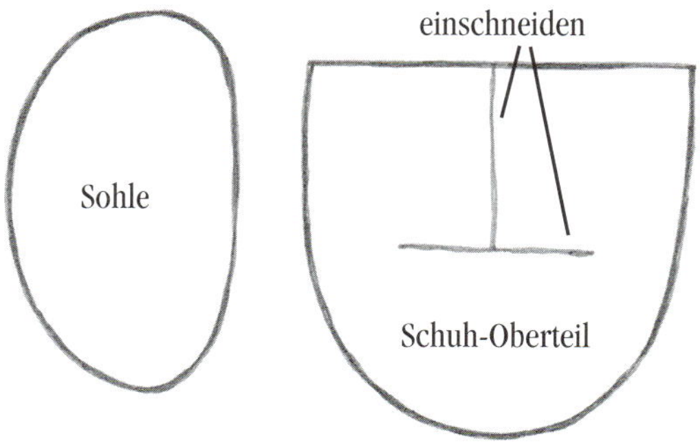

Der Anzug ist angebracht, oben liegen die sortierten Wolllocken für den Bart. Die Figur rechts hat bereits Daumen und Nase.

Anzug
Alpmanndli, Glöckchenzwerg, grüner Sommerwiesenzwerg

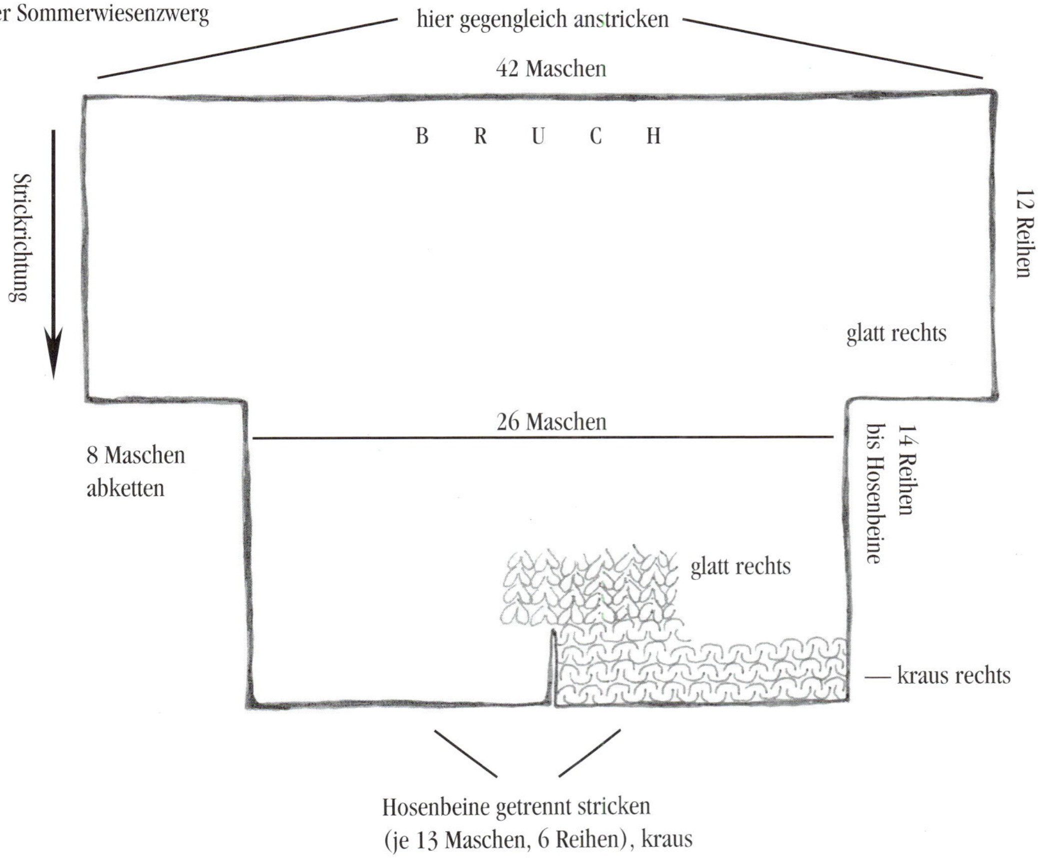

Alpmanndli gelten als den Menschen wohlgesonnen und hilfreich

Fertigstellung:

Wenn alle Strickteile fertig vor uns liegen, wird das «Innenleben» der Figur hergestellt. Das Gestell aus Biegeplüsch zurechtbiegen, wie aus der Skizze Seite 47 (am Anfang der Arbeitsanleitungen) ersichtlich. Mit der langfaserigen hellgrauen oder weißen Wolle Arme und Beine gleichmäßig und nicht zu dick bewickeln. Dann den Körperbereich fest umwickeln, windelartig zwischen den Beinen, kreuzweise um Brust und Rücken. Bitte unbedingt *fest* wickeln, denn später wird ja der relativ schwere Kopf an die Brust genäht und muß dort entsprechenden Halt haben. Aufgepaßt: der Körper darf nicht zu dick werden. Die Alpmanndli sind zierlicher, weniger prall und rund als z.B. die «Brownies». Ihr Anzug sollte locker am Körper sitzen. Die Arm- und Beinschläuche über die bewickelten Drähte schieben. Alle Teile werden am Körperrohling festgenäht, wodurch man ihn gleichzeitig noch stabilisiert. Als nächstes den Anzug um den Körper legen und mit Stecknadeln fixieren. Dann die Ärmel und Seitennähte schließen.

Der Daumen wird wie folgt gearbeitet: Mit einer Häkelnadel an die entsprechende Stelle der Hand einstechen und 3 Luftmaschen häkeln. In die 1. Masche zurückstechen und 1 feste Masche hineinhäkeln, Fäden vernähen.

Den Kopf sehr fest ausstopfen, Kopfnaht schließen. Bilden sich dabei links und rechts kleine «Tütchen» oder «Hörnchen», so sticht man einmal waagerecht der Naht entlang in diese Ecken und zieht sie leicht nach innen. Nun wird der Kopf am Körper angebracht. Er darf natürlich nicht ganz oben, zwischen den Schultern sitzen, sondern mehr auf der Brust. Je tiefer man ihn schiebt, um so buckliger wird die ganze Figur. Ist man endlich mit der Position zufrieden, wird der Kopf angenäht. Dazu sind viele möglichst unsichtbare Stiche nötig. Beim Annähen bzw. Zurückstechen nicht das Gestrickte mit einziehen!.

Gesicht: Das kleine, gestrickte Nasenrechteck am Gesicht plazieren, die Maschenrichtung verläuft dabei senkrecht. Das Nasenrechteck wird nun nicht etwa ganz flach aufgenäht, sonder vielmehr mit Daumen und Zeigefinger leicht rund geformt, die Ecken etwas nach innen gedrückt und das Ganze ein wenig erhaben angesetzt. Zum Annähen Nähseide verwenden, der Strickfaden wäre dazu zu dick. Unbedingt darauf achten, daß die Nase nicht zu hoch rutscht. Von der Nasenoberkante bis zur Kopfnaht sollten sich ca. 16 Maschen befinden. Der Zwerg bekommt eine hohe Stirn. Da wir uns bei der Gestaltung von Augen und Mund nach der Plazierung der Nase richten, hängt davon der ganze Gesichtsausdruck wesentlich ab.

Das Sticken der Augen muß sehr sorgfältig erfolgen und ist auch ein wenig knifflig. Die Augen bestehen nämlich aus je 4 ineinander liegenden Schlingstichen. Der äußere, Größte in der Farbe des Anzugs, die beiden nächsten in dunkelbraun und schließlich der Kleinste, innere, in schwarz. (Skizze). Stiche siehe auch Seite 46.

Als Mund wird ein ca. 2 cm langer Spannstich dicht unter der Nase angebracht. Diesen Stich in der Mitte mit einem sehr kurzen, senkrechten Stich überfangen und dabei etwas nach unten ziehen, so ergibt sich ein lächelnder Bogenmund. Anschließend den ganzen Bogen, von einem Mundwinkel zum anderen mit vielen winzigen Stichen dicht an dicht übersticken. Dabei muß nur ab und zu in das Gestrickte mit eingestochen werden. Selbst wenn der Mund später teilweise vom Bart verdeckt wird, sollte er doch schön ausgearbeitet werden.

Beim Annähen der Ohren darauf achten, daß sie nicht zu hoch und nicht zu dicht an das Gesicht rutschen. Zum Annähen wiederum Nähseide verwenden.

Der Bart besteht aus unkardierter Wolle mit vielen natürlichen Löckchen des Schaffelles. Die Fasern werden immer in kleinen, zurechtgezupften Portionen (gleiche Faserrichtung) von der Unterseite mit der Nadel erfaßt und angenäht (Nähseide). Nicht zu viele Löckchen auf einmal ergreifen. Ein zu dicker Bart sieht unnatürlich aus! Die Wollportionen von einem Ohr zum anderen in einem schönen Bogen um den Mund annähen. Der Schnurrbart ist nur eine dünne Locke, die waagerecht gespannt und mit einem kleinen Stich direkt mittig unter der Nase angenäht wird.

Haare aus der gleichen Wolle an den Kopf nähen, aber bitte nicht kreuz und quer. Der Zwerg darf lang wallendes Lockenhaar oder auch nur einen schütteren Haarkranz erhalten, ganz nach Wunsch. Besonders lustig sieht er aus, wenn eine Stirnlocke sich nach oben um den Mützenrand rollt.

Skizze 1:
Auge aus vier ineinander liegenden Schlingstichen

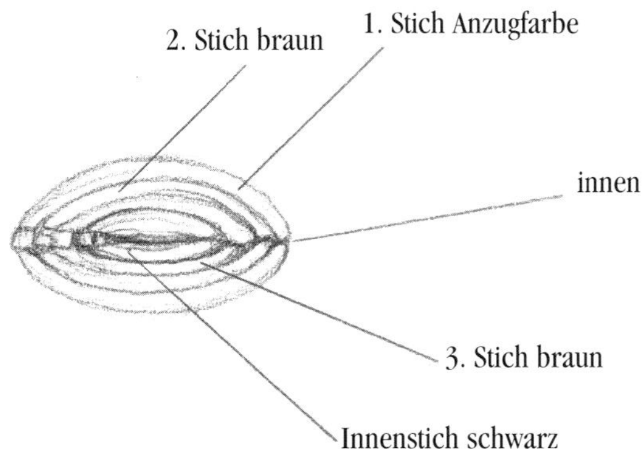

Skizze 2:

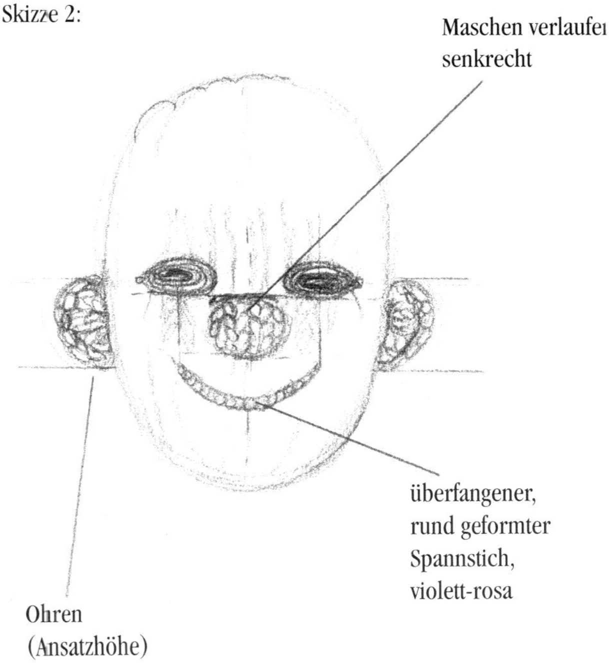

Die lange, tannengrüne Zipfelmütze selbst ist recht schwer und muß mit einigen Stichen an den Kopf geheftet werden.

Nun ist das Alpmanndli endlich fertig! Dank seines Innenlebens aus Biegeplüsch ist es sehr beweglich, es kann sitzen, die Arme auf den Rücken legen, die Hand zum Gruße erheben, große Schritte machen und vieles mehr. Die lange Zipfelmütze unterstreicht seine jeweilige Stimmung und dient manchmal sogar zum «Ausbalancieren». Alle abgebildeten Manndli sind nach dem gleichen Muster hergestellt worden und doch, und das ist das Schöne, gleicht keines dem Anderen!

Alpmanndli mit geschnürten Reisebündeln und Laternen

Laterne (Originalgröße)

Laterne:

Material: Schwarzes Tonpapier, orangefarbenes Transparentpapier oder Aquarellpapier und Wasserfarben, des weiteren Alleskleber und ein kurzes Stück dünnen Messingdraht.

Nach der Vorlage Mantel entweder aus schwarzem Tonpapier ausschneiden, Fensteröffnungen mit Transparentpapier hinterkleben, dünne Streben (Tonpapierstreifen) kreuzweise aufkleben. – Oder auf starkes weißes Papier, z.B. Aquarellpapier zeichnen, die entsprechenden Teile schwarz ausfüllen, Fenster gelb oder orange ausmalen, wie Abb. Knicklinien in jedem Fall an einem Lineal entlang leicht ritzen (Nadel). Dünnen Messingdraht zum Schluß oben durch den Zylinder ziehen, die Löcher dafür mit einer Nadel vorbohren.

Reisebündel:

Quadratisches Stoffstück, Seitenlänge ca. 20 cm, die Zipfel über Kreuz knoten, Stecken durchschieben.

Je näher die Zwerge den Menschen kommen, umso bunter ist ihre Kleidung

Bunte Glöckchenzwerge

Diese kleinen Gesellen halten sich gern in der Nähe der Menschen auf. Sie lieben bunte Blumen und Schmetterlinge. In der Volkspoesie ist ja die Rede davon, daß Zwerge eher farbige Kleidung bevorzugen, je näher sie den Menschen kommen. Daher sind unsere Glöckchenzwerge so bunt!

Die Kinder können ihnen ein Reich im Freien bauen: ein weiches Mooslager zum Beispiel, eine kleine Hütte aus kegelförmig zusammengestellten Zweigen etc. Darum herum werden Sommerblumen gepflanzt oder Zweige gesteckt, an die man bunte Bänder knotet. Wenn man keinen Garten hat oder gerade Winter ist, baut man das Zwergenreich am Fenster, z.B. mit farbigen Tüchern und blühenden Topfpflanzen. Dank der Anwesenheit der Zwerge und der damit verbundenen Aufmerksamkeit der Kinder, werden alle Blumen hier besonders gut gedeihen!

Glöckchenzwerge sind gern bei Streifzügen durch Feld, Wald und Wiesen dabei. Wie auf den Fotos ersichtlich, haben sie nämlich großen Spaß daran, sich zu verstekken, besonders in Baumhöhlen. Dann müssen die Kinder sie suchen. Langschläfer übrigens werden von den freundlichen Zwergen sanft geweckt, wenn sie nämlich ihre Glöckchenstecken dicht neben deren Ohren aufstampfen!

Diese Figuren werden in weiten Teilen so hergestellt wie die vorher beschriebenen Alpmanndli.

Material: Reine Wolle oder Wolle / Baumwolle, gut gezwirnt, Nadelspiel 2. Selbst wenn auf der Banderole Nadeln der Stärke 3 empfohlen werden, lieber mit dünneren arbeiten.

Farben: Für den Anzug klare, leuchtende Farben, je nach Wunsch. Die Farbe der Hosenbeine sollte im Kontrast zum Anzug stehen. Kopf, Hände und Füße wurden bei den abgebildeten Beispielen aus naturfarbenem Alpaka-Merinogarn (zart beige-grau) gearbeitet. Die Mütze ist zinnoberrot.

Bart, Haare, Augenbrauen: Naturweiße, sehr fetthaltige, kardierte (gekratzte, egalisierte) Landschafwolle.

Augen: Kobalt- und himmelblauer Sticktwist.

Mund: Zinnoberroter Sticktwist.

Schuhe: Wollfilz (Bastel- oder Handarbeitsgeschäft). Anzugfarbe für das Schuhoberteil, schwarz für die Sohle, Schuhband (Wollfaden) in der Farbe der Hosenbeine.

Des weiteren werden ein kleiner Holzstecken, 2 Messingglöckchen, etwas dünner Draht zum Befestigen der Glöckchen am Stecken, weiße Wolle zum Füllen, langfaserige Wolle zum Bewickeln des Drahtgestells, Biegeplüsch aus dem Bastelgeschäft sowie Nähseide und etwas dünner Karton für die Einlegesohlen benötigt.

Drei Glöckchenzwerge wandern übers Feld

Herstellung:

Kopf: 28 Maschen anschlagen, auf die Nadeln des Nadelspiels verteilen und 24 Runden glatt rechts stricken. Alles weitere wie beim Alpmanndli bereits beschrieben.

Ohren: 12 Maschen anschlagen, 4 Reihen stricken (1 Reihe links, 1 Reihe rechts), Faden durch alle Maschen ziehen, fest zu der Ohrmuschelform zusammenziehen und vernähen. Die Ohren werden später mit Nähseide an den Kopf genäht.

Nase: 7 Maschen anschlagen, 6 Reihen stricken (1 Reihe links, 1 Reihe rechts) abketten und vernähen.

Anzug: Wie Alpmanndli, Hosenbeine jedoch in einer anderen Farbe als das Übrige.

Hände, Arme, Beine, Füße: Wie Alpmanndli!

Mütze: 48 Maschen mit der zinnoberroten Wolle anschlagen und auf das Nadelspiel verteilen, 7 Runden glatt rechts stricken. Weiter wie beim Alpmanndli beschrieben, bis pro Nadel noch 3 Maschen übrig sind. 10 Runden normal darüber stricken. Dann wieder 1 Runde wie vorher zusammenstricken, so daß auf jeder Nadel nur noch 2 Maschen verbleiben, 1 Runde normal darüber stricken. In der nächsten Runde wieder zusammenstrikken, 3 Runden darüber, durch die restlichen Maschen einen Faden ziehen. Das ist zwar etwas knifflig, aber so entsteht eine schöne Spitze!

Schuhe: Wie Alpmanndli, Farbe der Schuhoberseite entspricht der des Anzugs.

Fertigstellung: Wie Alpmanndli, Glöckchenzwerge dürfen aber ein klein wenig molliger sein.

Gesicht: Das kleine, gestrickte Nasenrechteck so plazieren, daß die Maschen waagerecht verlaufen. Die Nase der Glöckchenzwerge ist etwas breiter als die der Alpmanndli und wird wie diese ebenfalls mit winzigen Stichen aus Nähseide angebracht. Bitte nachlesen bei Alpmanndli! Von der Nasenoberkante bis zur Oberkopfnaht liegen ca. 20 Maschen.

Als nächstes wird die bereits grob in Form gezupfte Bartmatte angebracht. Dann fehlen nur noch Daumem, Ohren und Augenbrauen

Glöckchenzwerge verstecken sich gern in alten Obstbäumen

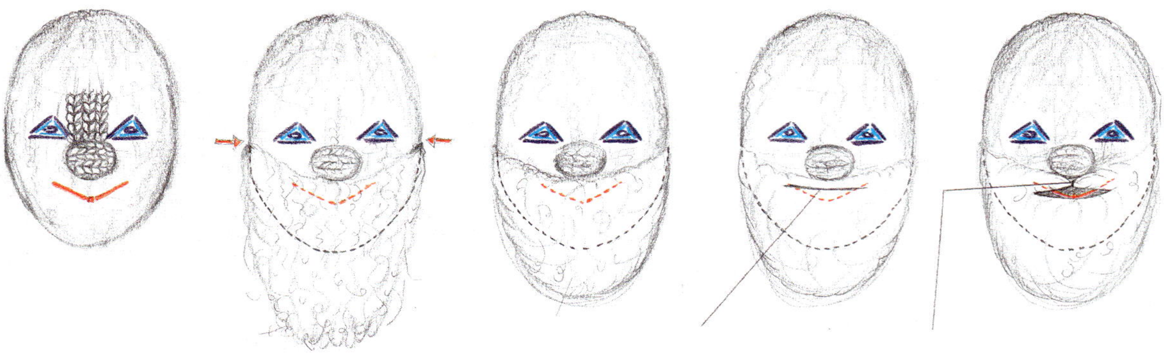

Die Augen bestehen aus je 6 Spannstichen und 1 Schlingstich in der Mitte. Der Augenabstand entspricht ca. 3 Maschen in der Breite.
Der Mund besteht ebenfalls aus einem weiteren Stich mittig überfangen und etwas nach unten gezogen (siehe Brownie).

Die noch ungeordnete Bartmatte wird in Höhe der späteren Ohren seitlich an den Kopf geheftet.

Bart ist inwendig angenäht und zu einem Oval geformt.

Gerader Schnitt durch die Wollmatte

Fester Stich (Schnurbart)

Auge aus 6 Spannstichen und 1 Schlingstich in der Mitte

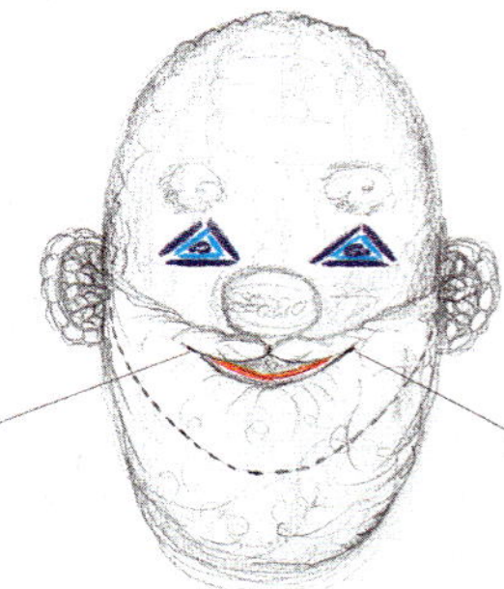

Die festen Stiche links und recht befestigen den Bart an den Mundwinkeln und ziehen sie hier gleichzeitig hoch, sodaß ein freundliches Gesicht entsteht. Stickstiche siehe Seite 46.

Jedes Auge besteht aus insgesamt 6 Spannstichen und einem Schlingstich in der Mitte (Skizze), der Mund aus einem 2,5 langen Spannstich aus zinnoberrotem Sticktwist (Farbe wie Mütze). Der Mund ist also etwas breiter als beim Alpmanndli, wird aber dafür nicht zusätzlich mit Stichen überfangen, sondern entspricht dem einfachen Strichmund der «Brownies», siehe Seite 59.

Augenbrauen: Aus kleinen, fettreichen Wollflusen drehen wir zwischen Daumen und Zeigefinger weiche, runde Kügelchen. Diese «Augenbrauen» werden mit wenigen Stichen angeheftet, nicht zu dicht an die Augen, das würde den Blick des Zwerges verdunkeln. Hoch angesetzte Brauen dagegen verleihen dem Gesicht einen freundlichen, fast etwas staunenden Ausdruck.

Der Bart besteht aus einer kleinen zusammenhängenden Wollmatte. Wiederum fettreiche Wolle verwenden, sie läßt sich in dem Fall besser verarbeiten, weil sie besser zusammenhält. Der Bart darf erst dann angebracht werden, wenn das Gesicht fertig ist, also mit Nase, Augen und Mund bereits versehen wurde. Die Ohren kommen später an die Reihe! Die Bartwolle zu einem Oval formen und so ansetzen, daß sie in einem halbrunden, harmonischen Bogen unter der Nase bis hin zu den Ohrenansatzpunkten verläuft (Skizze), hier mit einigen Stichen annähen. Den Bart vorsichtig hochklappen, auf das Gesicht, und von der Unterseite aus, um Mund und Kinn festheften. Achtung! Von außen darf kein Stich zu sehen sein. Nicht unter der Nase festnähen und nicht zu nahe an den Mundstrich nähen. Den Bart zurückklappen und glattstreichen. Der Mund ist jetzt noch vollständig vom Bart bedeckt. Die Bartfransen nach innen, gegen das Kinn klappen und in einer harmonischen, ovalen Form, die dem Kinn entspricht, um das Kinn streichen und zusammenheften. Nun wird es etwas schwierig, denn wir schneiden den Mund frei: Mit einer Nagelschere einen waagerechten Schlitz von Mundwinkel zu Mundwinkel schneiden, und nicht versehentlich in das Gestrickte schneiden. Aufgepaßt! Lieber knapp als zu weit schneiden! So trennt sich der Schnurrbart vom Vollbart. Nun mit doppelter Nähseide (Bartfarbe) direkt unter der Nase einen festen, knappen, senkrechten Spannstich mitten über dem Schnurrbart anbringen. Dann mit der gleichen Nadel nacheinander an

Nickerchen in einem hohlen Stammstück

den Mundwinkeln herauskommen und von da aus wenige Millimeter über den eingeschnittenen Bart seitlich zurück stechen, so daß sich der Mundwinkel etwas nach oben und nach innen zieht. Den Faden fest anziehen und gut vernähen, am besten am Hinterkopf. Jetzt erst werden die Ohren angesetzt und ein wenig Wollhaar um den Kopf gelegt, nicht zu tief in die Stirn. Zum Schluß Mütze mit wenigen Stichen anheften, Schuhe anziehen, Stecken mit Glöckchen versehen, fertig!

Schmetterlinge (Tonpapier, doppelt)
Originalgröße

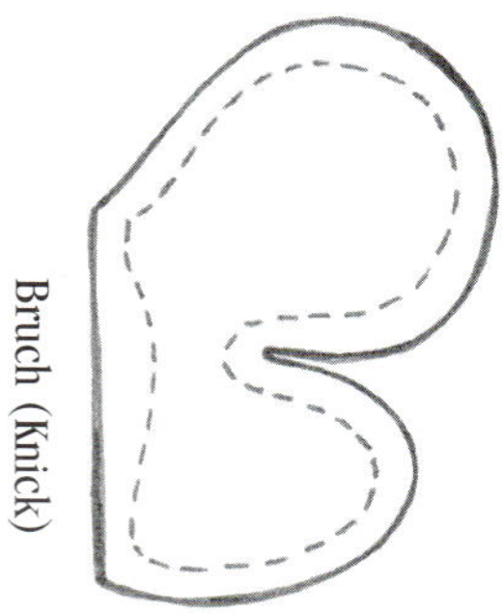

An der gestrichelten Linie herausschneiden

Schmetterling

Material: Tonpapier, Transparentpapier in verschiedenen Farben, Knetwachs, Alleskleber

Nach der Vorlage Schmetterling aus doppelt liegendem Tonpapier ausschneiden, also beide Flügel auf einmal. Die Form geknickt lassen und an der Linie entlang schneiden, so daß nur ein «Rahmen» übrig bleibt. Dieser wird auf einen Bogen Transparentpapier geklebt. Nun kann man den Schmetterling noch mit einem einfachen Muster versehen: Punkte, Herzformen etc. aus andersfarbigem Transparentpapier ausschneiden und aufkleben. Darüber wird nun eine zweite Lage Transparentpapier geklebt. Den Klebstoff nur am Rand (Rahmen) verteilen. Wenn alles getrocknet ist, wird der Schmetterling aus den Transparentpapierlagen noch einmal ausgeschnitten. Der Rahmen aus dem Tonpapier sowie das Muster liegen dazwischen. Den Schmetterling an der Mittellinie entlang wieder falten.

Körper: Aus Knetwachs eine lange, dünne Rolle formen, oder wie in unserem Beispiel, von einer Wachsfolie einen Streifen abschneiden. Diese(r) Rolle (Streifen) über und unter die gekniffte Mittellinie der Flügel legen. Die überstehenden Teile (Vorder- und Hinterleib) durch Zusammendrücken miteinander verbinden, fertig!

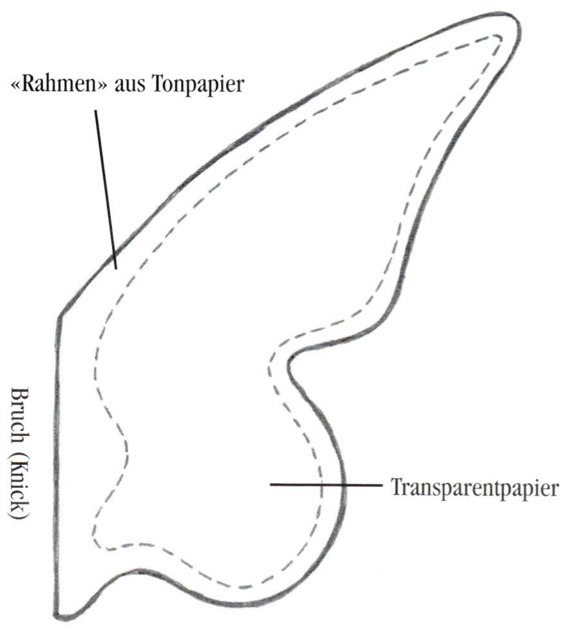

Glöckchenzwerge im Gespräch

Im Frühlingsreich: Narzissenmännlein mit einem flauschigen Pomponküken und pastellfarbenen «Frühlingsschnecken» (bemalte Weinbergschneckenhäuser und Knetwachs)

Zwerge für den Jahreszeitentisch

Die Zwerge für die Jahreszeitenecke unterscheiden sich von den anderen dadurch, daß sie zum einen etwas Typisches der jeweiligen Jahreszeit darstellen, zum anderen, daß sie nur während ihrer «Saison» erscheinen und sonst das ganze Jahr über nicht zu sehen sind.

Narzissenmännlein

Das Narzissenmännlein ist ein rechtes Frühlingskind: hell, frisch und voller Übermut, sprüht es direkt vor Lebensfreude! Diese heitere Stimmung wird unterstrichen z.B. durch frischgrüne Zweige, mit denen die Kinder sein Reich ausschmücken. Eine einzelne Narzisse dazwischen gesteckt, ist oft wirkungsvoller als z.B. ein ganzer Strauß. Mini-Narzissen im Topf gibt es im Frühjahr in allen Gärtnereien. Sie haben den Vorteil, lange haltbar zu sein. Aus gelber oder hellgrüner Märchenwolle können die Kinder ein Bettchen für ihr Männlein formen und aus gelber Wolle Pomponküken herstellen, die dem lustigen Narzissenzwerg Gesellschaft leisten. Schöne Moospolster und, falls vorhanden, pastellfarbene Seidentücher vervollständigen das Frühlingsreich. Gern ist das Männlein bei Ausflügen mit dabei, denn es möchte schauen, wie weit die Frühlingsblumen gediehen sind. Besonders freut es sich natürlich über Beete mit Narzissen. Die Kinder lassen ihn dann eine Weile «schauen». Sind mehrere Kinder dabei, wird darauf geachtet, daß jedes ihn einmal tragen darf.

Material:
Anzug: Mohairgarn in hellgelb und weiß, normale Strickwolle in hellgrün (Farbe wie frische Birkentriebe), Nadelspiel 2 ½.

Kopf und Körper: Märchenwolle in hellgelb

Bart und Haare: Mohairgarn (wie Anzug) in hellgelb

Augen: mittelgrüner Sticktwist

Mund: orangefarbener Sticktwist

Schuhe: Wollfilz aus dem Bastelgeschäft oder Spielwarenladen in hellgrün, gelb und orange

Narzissenhut: Wollfilz wie oben in hellgrün, 2 verschiedenen Gelbtönen und orange

Des weiteren: Biegeplüsch (Veloursdraht), orangefarbener Farbstift (Wangen), Nähseide in gelb und hellgrün, etwas Karton (Einlegesohlen), Wollrest und Kernseife zum Filzen des Kopfes und der Nase.

Herstellung:
Der Kopf wird gefilzt, bitte nachlesen bei «Schneeflokkenelf». Die Maße des fertigen Kopfes sind der Skizze (Seite 76) zu entnehmen. Der Kopf des Narzissenmännleins ist größer als der des Schneezwerges und des Pilzgnoms, daher muß mit einer längeren Filzzeit gerechnet werden. Dieser Kopf besteht aus hellgelber Märchenwolle

Das Narzissenmännlein ist ein rechtes Frühlingskind (Abbildung Originalgröße)

und hat, wie die Skizze zeigt, eine leicht längliche Form. Das erreicht man so: Gegen Ende der Filzzeit den Rohling zwischen den Handflächen kräftig in eine Richtung rollen, zwischendurch den Umfang ausmessen. Sollte er noch zu klein sein, etwas Märchenwolle darum schlagen und, vorerst wieder vorsichtig, weiter filzen. Ein zu großer Kopf schrumpft, je länger und kräftiger er bearbeitet wird.

Nase: aus einem etwas dunkleren Gelbton herstellen, wie «Schneeflockenelf«.

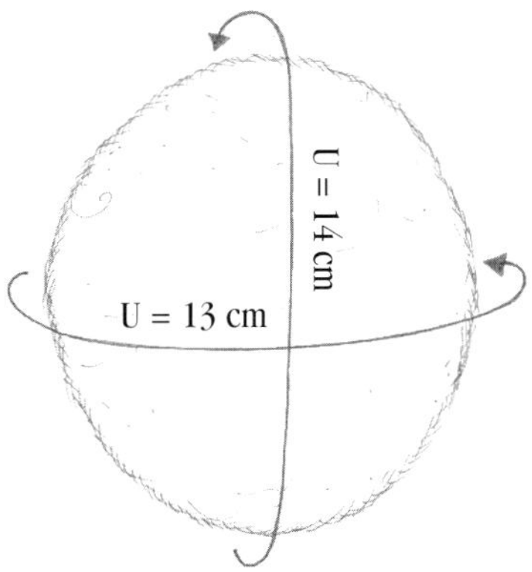

Filzkopf Narzissenmännlein

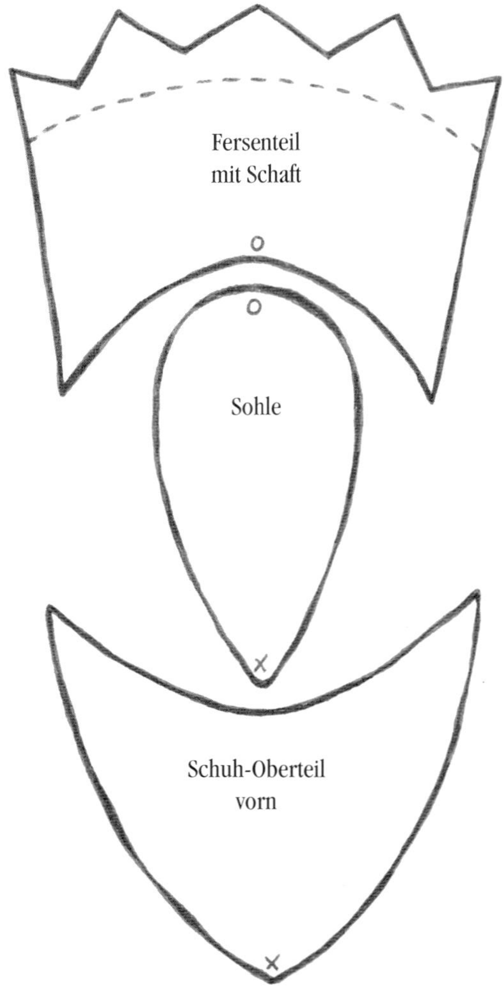

Grüner Sommerwiesenzwerg: gestrichelter Schaft!
Narzissenmännlein und Pilzkappengnom: gezackter Schaft!
Für den Pilzkappengnom etwas verkleinern!

Strickteile

Anzug: 32 Maschen anschlagen, auf das Nadelspiel verteilen, 25 Runden glatt rechts stricken, im Ringelmuster, immer zwei Runden pro Farbe. Dann nur mit je zwei Nadeln hinten und vorne je fünf Reihen hochstricken. Alles weitere wie auf Seite 89 (Kittel des Schneeflokkenelfs) beschrieben.

Ärmel: 15 Maschen anschlagen, 15 Reihen glatt rechts stricken.

Schuhe: Schnitt siehe Skizze (rechts). Gezackte Fersenteile aus hellgrünem, Oberteil aus gelbem, Sohle aus orangefarbenem Filz ausschneiden, alles weitere wie «Sommerwiesenzwerg».

Narzissenmännlein: handgefilzter Kopf

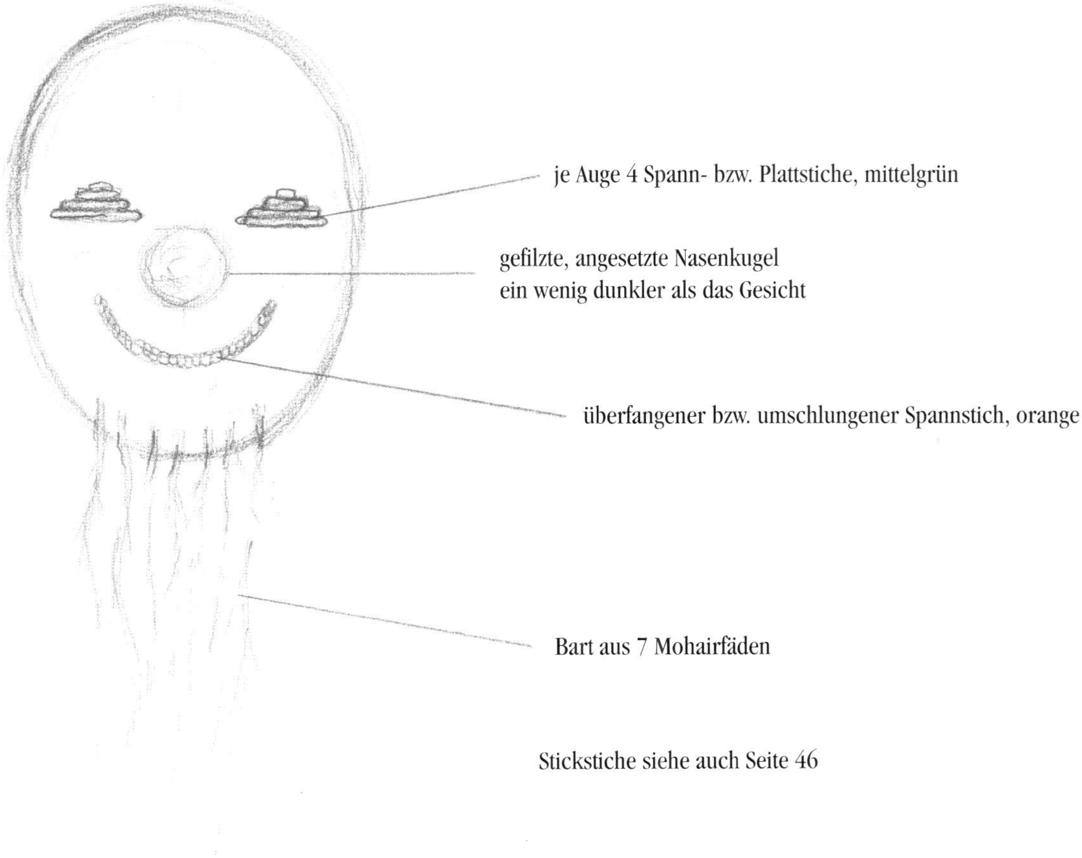

Stickstiche siehe auch Seite 46

Fertigstellung:
(siehe «Schneeflockenelf«)

Nach der Skizze (Seite 47) das «Innenleben» aus dem Veloursdraht biegen. Wie auch beim «Pilzkappengnom» wird der Anzug zwischen den Beinen zusammengenäht. So schauen die Beine noch ein Stück heraus, so daß Platz bleibt für die gezackten Schuhschäfte. Alles weitere wie beim «Schneeflockenelf» beschrieben, nur daß der Rumpf etwas üppiger bewickelt wird.

Gesicht siehe Skizze, die Augen bestehen aus 4 Spannstichen von unterschiedlicher Länge, der Mund aus einem gut 2 cm langen Spannstich, der mit vielen kleinen, dicht an dicht liegenden Stichen überfangen und dabei zu einem Bogen geformt wird. Zum Schluß die Wangen mit einem orangefarbenen Farbstift leicht tönen.

Aufgepaßt! Bevor Augen und Mund gestickt werden, sitzt die Nase schon an ihrem Platz.

Bart und Haare: Der Bart besteht aus nur 7 gelben Mohairfäden, jeder ca. 10 cm lang. Die Fäden mit einem Knoten versehen und vom Hinterkopf aus zum Kinn durchziehen. Einige Mohairfäden als Haare am Oberkopf annähen, so daß einige bis auf die Schultern herabfallen und wenige den langen, abstehenden Pony bilden. Die Mütze wird später ganz leicht schräg aufgesetzt (mit ein paar Stichen fixiert), die Ponyfransen schauen darunter hervor und umrahmen die Stirn wie Sonnenstrahlen.
Ohrmuschel aus einem Stück Handfilz ausgeschnitten

Schneeflockenelf,
Narzissenmännlein,
Pilzgnom

◁ Durch Nähen einer kleinen Falte entsteht die Muschelform

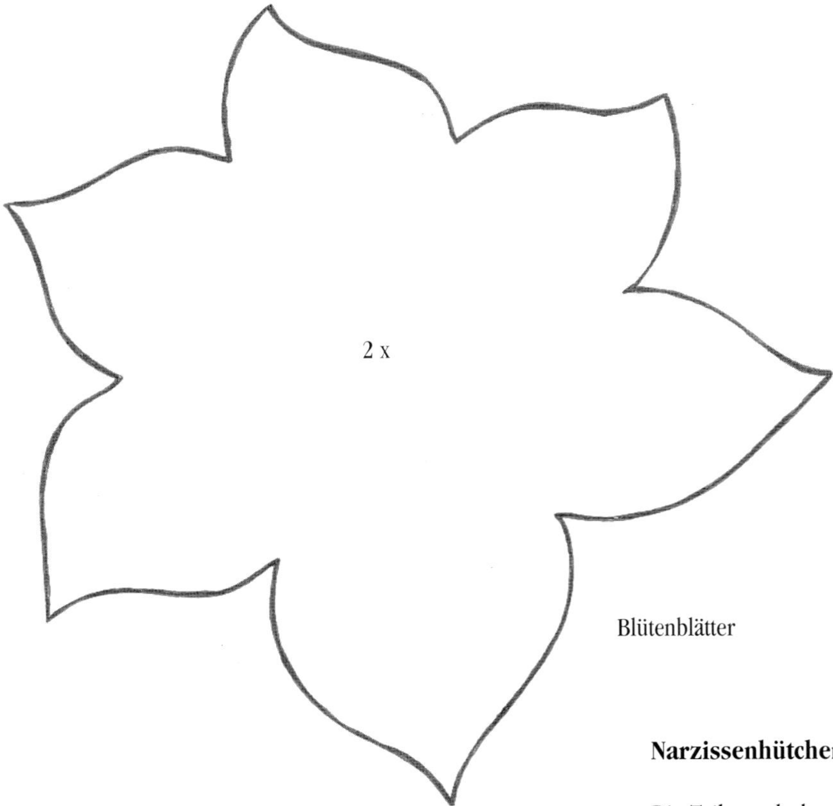

Blütenblätter

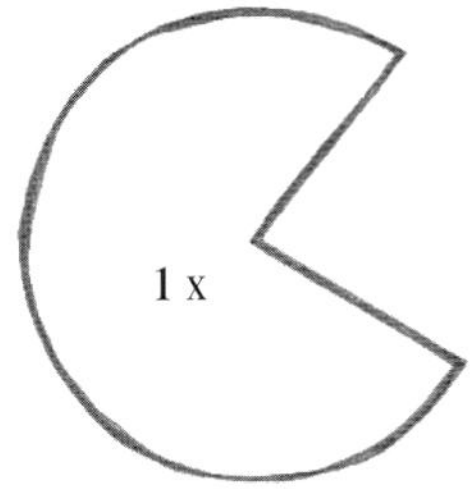

Kelch

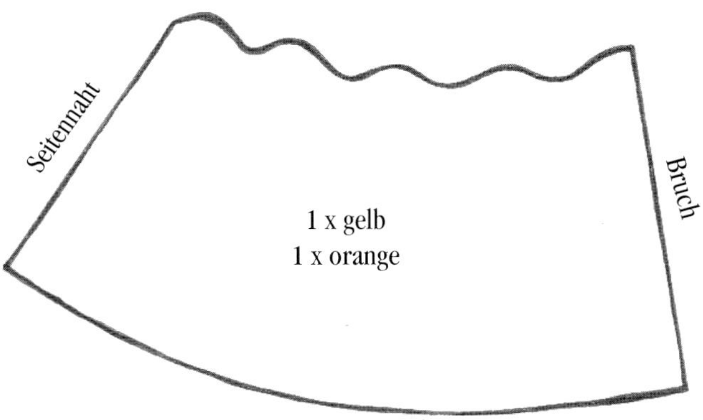

Glocke

Narzissenhütchen (Originalgröße)

Narzissenhütchen:

Die Teile nach dem Schnittmuster zuschneiden.

Blütenblätterteile aufeinander legen und mit überwendlichen, kleinen, gleichmäßigen Stichen zusammennähen. Wir verarbeiten also den Filz als doppelte Lage, da sonst der Hut zu «lappig» würde. Die Glocke, das Innere der Blüte, aus einer orange und einer gelben Filzplatte ausschneiden, aufeinander legen und nur durch die Seitennaht miteinander verbinden, orange nach innen! Die obere, nicht die gewellte Seite, mit einem festen Reihfaden versehen und zusammenziehen. Diese «Glocke» rundherum mit kleinen Stichen an die Blütenscheibe heften, dabei aber nur die untere Scheibe erfassen, damit oben auf der Blüte keine Stiche zu sehen sind. Das kleine grüne Kelchteil zusammennähen und wie einen kleinen Zylinder oben auf die Blüte heften, evtl. mit ganz wenig Wolle füllen. Als Stiel einen grünen Filzstreifen, 10 cm x 1 cm, der Länge nach zusammenfalten und mit überwendlichen Stichen längs zusammennähen. An einem Ende mit einem dicken Doppelknoten versehen. Dann in eine dicke Nadel fädeln und von unten, durch die Glocke, durchziehen. Er kommt dann oben, am grünen Kelch wieder hervor. Den gewellten Rand der Glocke ein wenig umkrempeln, so daß etwas von der orange Innenseite zu sehen ist. Das Narzissenhütchen ist auf Seite 95 sehr gut zu erkennen.

Hinweis: Die Blütenscheibe hat hinten, wie man an der Skizze sieht, etwas kürzere Blütenblätter als vorn.

Das Hütchen wird so aufgesetzt, daß die längeren Blütenblätter nach vorn schauen. So wird vermieden, daß die Blüte zu sehr auf dem Buckel aufsitzt. Die Naht der Glocke muß daher nach hinten schauen.

Pomponküken:

Material: Ca. 30 g gelbe Märchenwolle und etwas orangefarbenes Filz

Zwei Ringe aus festem Karton ausschneiden (Skizze 1). Die Märchenwolle in mehreren, lang ausgezogenen Lagen fest in die Ringe wickeln. Dann die Scheiben am Rand aufschneiden, einen doppelten, stabilen Faden in diesen Schnitt, zwischen die Schablonenscheiben legen, sehr fest zusammenziehen und vernähen, dann den Karton abstreifen (Skizze 2).

Mit einer kleinen, sehr scharfen Schere Kopf- und Flügelkonturen aus dem Pompon schneiden, Standfläche gerade schneiden. Den Pompon über Wasserdampf halten, dann plustert sich die Wolle schön auf. Schnabel (Skizze 3) aus orangefarbenem Filz 2 x zuschneiden, aufeinandersteppen, umwenden und mit ganz wenig Wolle füllen. An den Kopf ansetzen und tief in den Pompon ziehen, Faden gut vernähen. Auf Kindchenschema achten (hohe Stirn)!

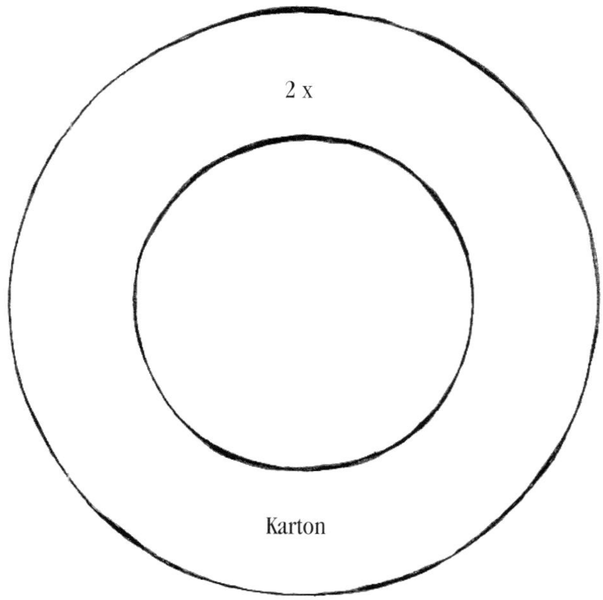

Skizze 1

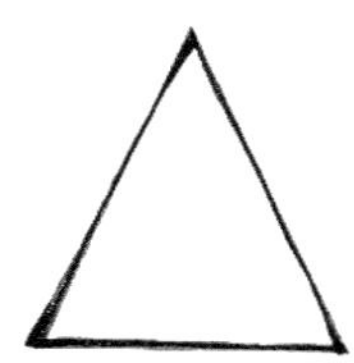

Skizze 3: Schnabel (orangefarbener Filz)
2 x

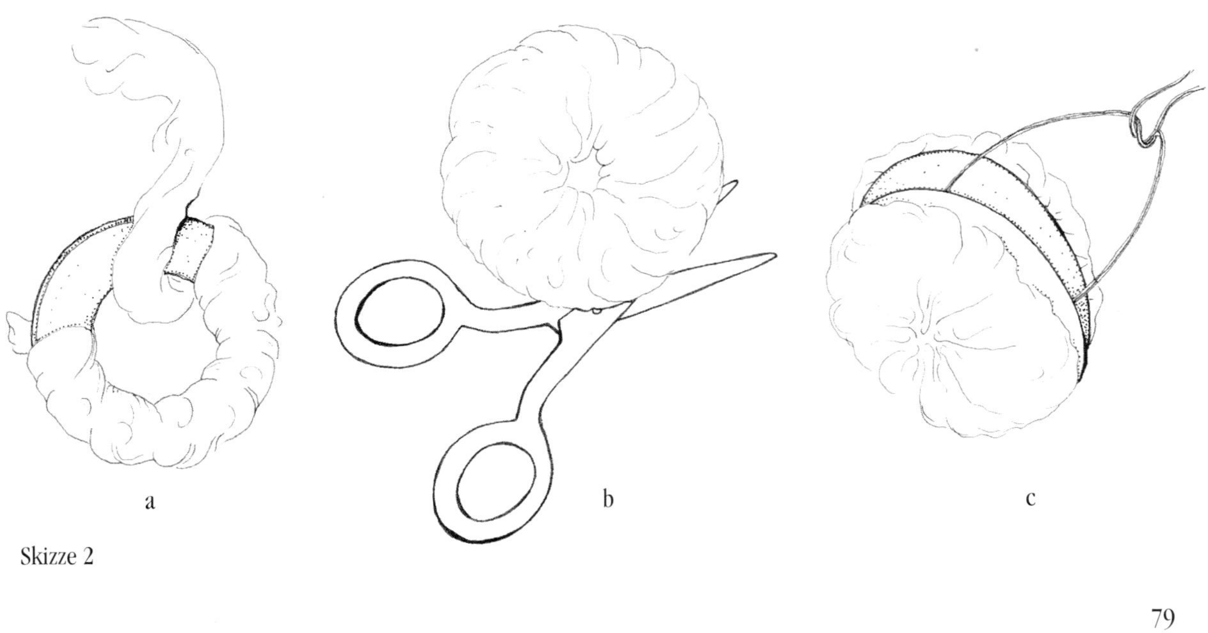

Skizze 2

Grüner Sommerwiesenzwerg

Die Grünen Sommerwiesenzwerge stehen pünktlich zum Sommeranfang in der Jahreszeitenecke oder auf der Jahreszeitenkommode. Da sie Gräser und Blumen lieben, stellen die Kinder immer einen Strauß Wiesenblumen und Gräser in ihr Reich. Übrigens, die Zwerge freuen sich auch über Mitbringsel aus den Sommerferien: Muscheln oder anderes Strandgut, Pinienzapfen aus dem Süden usw. Sommerwiesenzwerge tragen gern Blumenhüte, wie man auf den Abbildungen sieht. Man näht ihnen mindestens zwei verschiedene, damit sie etwas zum Wechseln haben. Wenn nicht gerade Regen angesagt ist, bauen die Kinder ihrem Männlein ein schönes Sommerreich im Freien. Es kann ja jeden Tag ein wenig anders aussehen. Auf dem Foto sieht man zum Beispiel ein originelles Zwergenreich auf einem alten Stuhl, dafür ist auch auf einem kleinen Balkon Platz. Anstelle des Sitzpolsters, das dem Stuhl wohl schon vor längerer Zeit abhanden gekommen war, befestigten wir von unten eine Drahtmatte (Maschendraht wie für einen Kaninchenstall) an der Sitzfläche (Krampen). Auf diesen Draht legten wir dann eine dünne Kokosfasermatte. Man kann dazu auch ganz normale Kunststoffolie, die mit ein paar Löchern versehen wird, verwenden, so staut sich kein Regenwasser. Dann wurde die ehemalige Sitzfläche mit Blumenerde aufgefüllt. Anschließend kann man entweder Grassamen säen oder, wie in diesem Beispiel, alles mit Moospolstern auslegen. Gießen nicht vergessen!

Die beiden Zwerge nahmen ihr kleines Reich, wie man sieht, mit Freuden in Besitz. Einer nutzte sogleich die Gelegenheit zu einem Nickerchen in der weichen Schafwolle, die ihm die Kinder hingelegt hatten.

Sommerwiesenzwerge beim Picknick

Material
wie Glöckchenzwerge

Farben:
Maigrün für den Anzug, maisgelb oder ebenfalls maigrün für Kopf, Hände und Füße.

Bart und Haare: 4 verschiedene Grüntöne (Strickwolle)

Augen: Sticktwist in mittelgrün, hellgrün und dunkelbraun.

Mund: Sticktwist in lachsrosa

Schuhe: Wollfilz (Bastelgeschäft) in tannen- oder moosgrün (Oberteil) und dunkelbraun (Sohle)

Hütchen: Filz in den Farben von Wiesenblumen, auf jeden Fall sollten Gelbtöne und Weiß dabei sein.

Des weiteren wird weiße ungesponnene Wolle zum Füllen, langfaserige weiße Wolle zum Bewickeln des Drahtgestells, Biegeplüsch, Nähseide und etwas dünner Karton benötigt.

Herstellung:

Kopf: 28 Maschen anschlagen, auf das Nadelspiel verteilen, 24 Runden glatt rechts stricken, dann von der 4. Nadel die letzte Masche abheben, von der 1. Nadel die erste Masche normal abstricken und die abgehobene darüber ziehen. Dann von der 1. Nadel die letzte Masche abheben, von der 2. Nadel die erste Masche abstricken und die abgehobene darüber ziehen und so weiter, über zwei Runden (25. und 26.). Anschließend 1 Runde normal darüber stricken. Dieser Vorgang wird wiederholt, bis pro Nadel nur noch 3 Maschen übrig sind. Durch diese einen Faden ziehen, fest zusammenziehen und vernähen (Kinn). Der Sommerwiesenzwerg hat einen etwas runderen Kopf mit einem kürzeren Kinn als z.B. Alpmanndli oder Glöckchenzwerg.

Mütze: Siehe Schnittmuster (Seite 83). Die Blütenblätter mit überwendlichen Stichen zusammennähen. Da diese Stiche sichtbar bleiben, bitte gleichmäßig nähen. Die Blütenblätter mit sehr wenig Wolle füllen, keinesfalls prall ausstopfen! Danach den Innenkreis mit großen Vorstichen zuheften. Dieser Faden wird später wieder entfernt. Naht der Hutspitze schließen, umkrempeln und inwendig an die Krempe nähen. Reihfaden herausziehen.

Margeritenhütchen

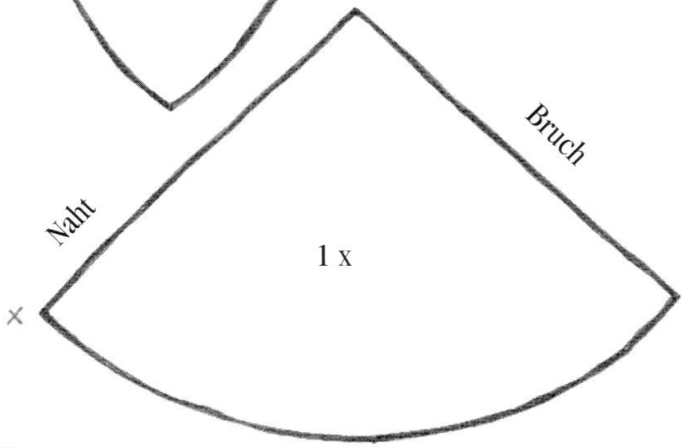

Blütenmitte (für beide Blütentypen)

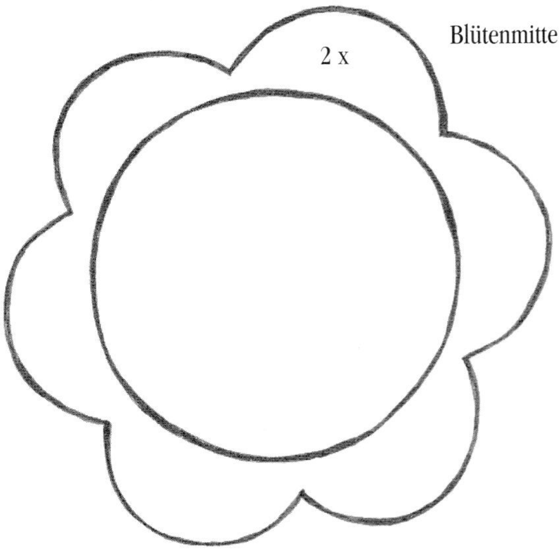

Vergißmeinnichthütchen

Schuhe: Siehe Schnittmuster Seite 76. Es wird wieder mit überwendlichen Stichen gearbeitet. Zuerst das Fersenteil an die Sohle nähen, dann das Schuhoberteil, von der Fußspitze ausgehend, annähen. Dabei überlappt es das Fersenteil und die Spitzen treffen hinten wieder zusammen. Aus dünnem Karton eine Sohle ausschneiden, einlegen und den Schuh vorn schnabelförmig hochbiegen. Faden zum Zuschnüren durch den Schaft ziehen.

Fertigstellung:

Wie Glöckchenzwerge, bzw. Alpmanndli (Anzug, Hände, Arme, Beine, Füße)

Gesicht: Wie Glöckchenzwerg. Der Sommerwiesenzwerg hat jedoch keine Augenbrauen, dafür wird sein Mund etwas aufwendiger, nämlich wie der des Alpmanndli gearbeitet (Skizze).

Bart und Haare: Bart und Haare dieses Männleins sollen an grünes Gras erinnern, deshalb verwenden wir dafür Wollfäden in verschiedenen Grüntönen. Wir legen uns insgesamt 42 Bündel zurecht. Jedes besteht aus 4 Fäden, ist etwa 8 cm lang und am Ende mit einem festen Knoten versehen. In eine dicke Nadel fädeln und vom Hinter- und Oberkopf aus Bündel für Bündel einziehen. Das ganze Gesicht auf diese Weise mit Bart- und Ponyfransen einrahmen. Achtung! Auf einen harmonischen Bogen achten, nicht zu tief in die Stirn arbeiten und auch nicht zu nahe an den Mund kommen. Die grünen «Stoppel» der verknoteten Enden bilden gleichzeitig das Kopfhaar (gut zu sehen auf der Abb. Seite 80), man sollte sie deshalb schön gleichmäßig verteilt haben. Wenn Bart und Pony schon fertig und füllig sind, gibt es auf dem Kopf wahrscheinlich noch die eine oder andere schüttere Stelle, die mit einem Extra-Büschel versehen wird. Zum Schluß alles auf die gewünschte Länge zurechtstutzen und «frisieren». Dann müssen noch die Ohren angesetzt werden (vorher wären sie uns nur im Wege gewesen!). Sie liegen etwas hinter der Linie, an der sich Kopf- und Barthaar treffen.

Sommerwiesenzwerg

(wie Glöckchenzwerg mit Ausnahme des Mundes)

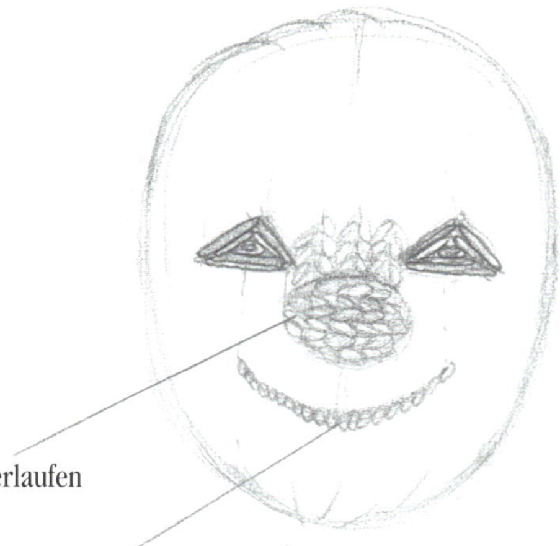

Maschen verlaufen waagerecht

überfangener, rund geformter Spannstich, lachsrot

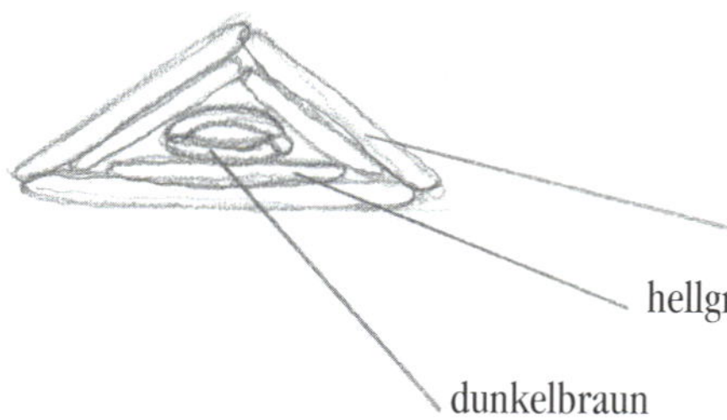

mittelgrün

hellgrün

dunkelbraun

Auge aus 6 Spannstichen und 1 Schlingstich in der Mitte

Der Pilzkappengnom ist der Wächter des Herbstreiches

Pilzkappengnom

Im Herbst entsteht in der Jahreszeitenecke ein Reich für den Pilzkappengnom, einem molligen Gesellen. Er liebt besonders die Früchte des Herbstes, deshalb trägt er auch einen Pilzhut. Sein liebster Platz ist oben auf einem orangegelben Kürbis. Buntes Laub, Kastanien, Lampionblumen etc. schmücken das Herbstreich. Äpfel, Birnen, Nüsse, Zwetschgen und Trauben werden immer wieder frisch und blank geputzt dazu gelegt. Hier dürfen sich die Kinder täglich bedienen und so, auch als Stadtkinder, den Reichtum des Herbstes spüren und genießen. Unten im Laub rascheln all die Tiere, Maus, Igel, Käfer usw., die sich hier unter dem Schutz des guten Pilzkappengnoms eingefunden haben. Er selbst ist selten ohne seine Laterne unterwegs und jeden Abend macht er seine «Runde», um all den Tieren in seinem Reich und im Haus und natürlich auch den Kindern, eine gute Nacht zu wünschen. Kleine Lampions können zusätzlich rund um das Reich gesteckt werden. Als Schutz gegen rauhe Herbstwinde haben wir dem Gnom einen Anzug aus flauschiger Mohairwolle gestrickt.

Material:

Anzug: Mohairgarn, möglichst mit Baumwollseele in hellgelb oder beige, Nadelspiel 2 ½.

Kopf und Körper (bewickeltes «Innenleben» aus Biegeplüsch, Maße wie Schneeflockenelf, S. 47): Märchenwolle hellgelb, grünlich-gelb oder beige bzw. naturfarben

Bart: Ein wenig weiße, ungesponnene Heidschnuckenwolle oder ungesponnene Mohairziegenwolle

Augen: Dunkelbrauner Sticktwist

Mund: orangerosa Sticktwist

Schuhe: Wollfilz (Bastelgeschäft) in mittelbraun, dunkelbraun, tannengrün, grüner Faden (Schuhband)

Pilzkappe: Wollfilz wie oben, in weiß und mittelbraun, ungesponnene Schafwolle zum Ausstopfen.

Des weiteren: Biegeplüsch, orangeroter Farbstift, Nähseide in hellgelb und hellbraun, Wollrest, Kernseife, etwas festen Karton.

Herstellung:

Kopf und **Nase** werden aus der gelblich- grünen bzw. hellgelben oder beigen Märchenwolle gefilzt, genauso wie beim «Schneeflockenelf» Seite 90 beschrieben. Der Umfang der fertigen Kopfkugel sollte ca. 12 cm, also etwas mehr als beim Schneeflockenelf, betragen.

Ohren: wie Schneeflockenelf / Narzissenmännlein.

Strickteile:
Anzug: 32 Maschen anschlagen, 25 Runden glatt rechts stricken, alles weitere wie Schneeflockenelf.
Ärmel: 15 Maschen anschlagen, 15 Reihen glatt rechts stricken, abketten.
Schuhe: Der Pilzkappengnom bekommt aufwendige Schuhe (Schnitt siehe Skizze S. 76). Sie werden hergestellt wie die des Sommerwiesenzwerges, allerdings ist das «Obermaterial» zweifarbig: gezacktes Fersenteil tannengrün. Vorderteil mittelbraun (wie Pilzkappe) und die Sohle dunkelbraun.

Fertigstellung:
Wie Schneeflockenelf, der Pilzzwerg darf etwas praller werden. Der Anzug wird zwischen den Beinen zusammengenäht.

Gesicht: Augen je 4 Spann-bzw. Plattstiche, dunkelbraun, Mund 3 Spannstiche, orangerosa (siehe Skizze Seite 87). Auf Wangen und Nase mit dem Farbstift einen orange Farbhauch verteilen.

Bart: Der Bart ist schütter, aber lang (Dann kann er lustig im Herbstwind flattern!). Langes, hartes Grannenhaar, kein gekräuseltes Material verwenden. Den Flusen so formen, daß man ihn einmal um den Kopf schlagen kann. Am Oberkopf annähen und ganz leicht und unsichtbar am Kinn anheften. Der Bart soll das Gesicht harmonisch einrahmen.

Pilzkappe: Die braune Oberseite der Kappe besteht in diesem Fall übrigens aus pflanzengefärbtem Filz, gekauft in einem guten Spielwarenladen.

Teile nach der Skizze zuschneiden, beide Scheiben auf einmal. Aus der weißen Scheibe (Unterseite) den kleinen Kreis herausschneiden. Beide Teile aufeinandersteppen, hier sind es Handstiche, umkrempeln und knapp am äußeren Rand entlang noch einmal absteppen. Dann den Rand der Öffnung wenige Millimeter nach innen kniffen und mit einem starken, weißen Reihfaden versehen, Faden und Nadel hängen lassen. Den Hut prall ausstopfen. Nun die Öffnung auf Kopfgröße zusammenziehen, Kappe an den Kopf nähen. Hinten stößt sie etwas auf den Buckel auf und kann hier noch mit einigen unsichtbaren Stichen fixiert werden, damit der Zwerg nicht ständig auf den Boden schauen muß. Dann erst die Ohren ansetzen. Die Muschelform entsteht, wenn man eine kleine Falte in die Mitte näht.(Skizze Seite 77 und 91)

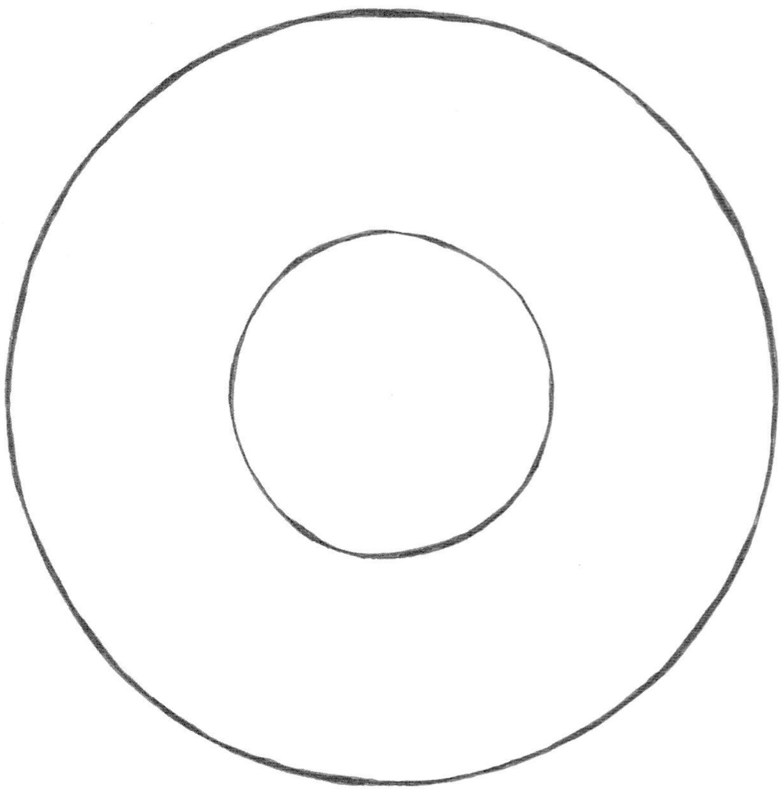

Maus

(aus: «Stofftiere» von Karin Neuschütz)

Musterteile auf Papier und weiter auf grauen Filz übertragen, so daß es ein Teil für den Körper auf doppeltem Stoff, eine ovale Fußplatte und zwei kleine Ohren gibt. Den Körper entlang der gestrichelten Linie falten, vorn von A bis B zusammennähen. Man erhält eine kleine, spitze Tüte. Fußplatte einpassen und am Körper festnähen, hinten offenlassen. Wenden und das Schnäuzchen ordentlich herausziehen. Einen schönen langen Schwanz aus dünnem Garn oder einer Schnur machen. Den Schwanz an der Basis mit einem Knoten versehen und diesen in die Maus stopfen. Öffnung schließen und dabei gleich den Schwanz annähen. Ohren mit einer kleinen Falte annähen. Die Augen bestehen nur aus einem Punkt, mit einem schwarzen Faserstift aufgemalt. Schnurrbart: Mit weißem Nähgarn (Zwirn) oder Knopflochseide in der Nadel sticht man durch die Schnauze, läßt das Fadenende hängen, macht zwei unsichtbare, feste kleine Stiche, läßt auf der anderen Seite eine Fadenschlaufe hängen, sticht durch die Schnauze zurück, macht dort wieder zwei unsichtbare feste Stiche, läßt eine Schlinge hängen und so weiter. Schlingen aufschneiden.

Schneeflockenelf

Der Schneeflockenelf ist ein zartes Wesen. Zum Winteranfang nimmt er sein Reich in Besitz. Dieses Reich kann z.B. von der Mutter am Abend, wenn die Kinder schon schlafen, eingerichtet werden. Ein Elf zieht übrigens immer «heimlich», in Abwesenheit der Kinder ein. Viel Zubehör ist nicht nötig. Es genügt ein weißes, zusammenhängendes Wollvlies als Schneefläche und ein Zweig, der mit weißer Farbe angestrichen wurde. Darüber kann man einen dünnen, weißen Wollschleier ausbreiten. Winzige Kügelchen, aus wenig Wolle zwischen den Fingerspitzen gedreht, verfangen sich darin und stellen Schneeflocken dar. Einige schöne weiße Steine, z.B. Marmor, vervollständigen die winterliche Landschaft. Wer weiße oder hellblaue Seidentücher zur Verfügung hat, gestaltet daraus «vereiste Hügel«. Aus Transparentpapier könnte man evtl. noch Schneekristalle ausschneiden und über das ganze Reich verteilen.

Das alles muß ja nicht gleich am ersten Tag fertig sein. Es ist viel interessanter, wenn ein Zwergenreich langsam wächst und die Kinder sich lange damit beschäftigen können.

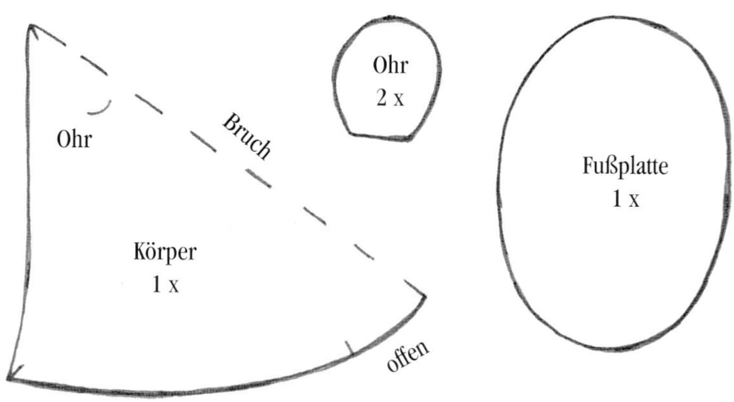

Maus (Originalgröße)

Unser fröhlicher kleiner Schneeflockenelf ist (mit Mütze) knapp 17 cm groß und wiegt alles in allem 40 g. Besonders lustig ist sein spitzer Hut, der an einen Eiszapfen erinnert.

Material:
Reines Seidengarn, verarbeitet man sehr dünnes Garn, so wird es doppelt genommen. Falls man kein Seidengarn bekommt, verwende man Ramie, Baumwolle, evtl. Perlgarn (Stickgarn) oder auch Wolle. Wichtig ist, daß es sich um schimmerndes, glänzendes Material handelt. Des weiteren benötigen wir ein Nadelspiel 2 ½, eine Puppenkopfnadel, Mohairgarn für Bart und Haare, weiße, langfaserige, ungesponnene Wolle zum Bewickeln des Drahtes und zum Filzen des Kopfes, weißen und hellblauen Wollfilz (Bastelgeschäft) für die Schuhe, weißen Biegeplüsch (Veloursdraht), weiße Nähseide, violett-rosa Sticktwist (Mund), eisblauer Sticktwist (Augen), Kernseife, Karton für Einlegesohlen.

Herstellung der Strickteile:

Kittel: 32 Maschen anschlagen und auf das Nadelspiel verteilen, 25 Runden glatt rechts stricken, dann nur mit je zwei Nadeln hinten und vorn je fünf Reihen hochstricken. So entstehen Brust- und Rückenteil sowie die Armlöcher. Anschließend alle Maschen wieder auf die vier Nadeln des Nadelspiels verteilen (8 Maschen pro Nadel) und wie am Anfang noch 8 Runden weiter stricken. Durch alle Maschen einen Faden ziehen und fest zusammenziehen.

Ärmel: 20 Maschen anschlagen, 20 Reihen stricken (1 Reihe rechts, 1 Reihe links), abketten.

Mütze: 32 Maschen anschlagen, auf das Nadelspiel verteilen und 10 Runden glatt rechts stricken. Dann die letzte Masche der 4. Nadel abheben, die erste Masche der 1. Nadel abstricken und die abgehobene darüber ziehen, usw., die ganze Runde. Anschließend 2 Runden normal darüberstricken, dann wieder wie vorher beschrieben abnehmen, dann wieder 2 Runden darüber usw., bis zuletzt pro Nadel 1 Masche übrig bleibt, diese so zusammenstricken, daß eine schöne Spitze entsteht.

1 a	festes, gewickeltes Knäuel
1b	ungesponnene Wolle, die um das Knäuel geschlagen und gefilzt wird
1 c	fertig gefilzter Kopf
2	gefilzte Nasenkugel
3	ein Stück Handfilz, aus dem die Ohren ausgeschnitten werden

Alle Teile müssen sehr fest gestrickt werden!

Kopf (gefilzt): Festes, kleines Knäuel aus irgendeinem weißen Garn wickeln, Umfang 8-9 cm, Fadenende nach innen ziehen.

Etwas weiße, ungesponnene Wolle gleichmäßig und glatt um dieses Knäuel schlagen.

Das Knäuel in warmes Wasser tauchen, dabei gut festhalten, damit sich die Wolle nicht ablöst.

Die Hände kräftig einseifen und das Knäuel sehr sacht zwischen den Handflächen rollen.

Schon nach einigen Sekunden spürt man, wie die Wolle filzt. Nun muß etwas kräftiger gedrückt und gerollt werden, damit der Kopf schön fest wird. Die Kugel zwischendurch in das warme Wasser tauchen und, wenn nötig, erneut einseifen. Aufgepaßt! Sie soll gleichmäßig rund werden, deshalb in alle Richtungen rollen. Nach etwa 10-15 Minuten dürfte die Kugel fertig sein und wird gründlich ausgespült. Ihr Umfang beträgt nicht sehr viel mehr als das Knäuel im Inneren, etwa 10 - 11 cm. Ist sie jedoch noch zu dick, wird noch eine Weile äußerst kräftig weiter gefilzt.

Nase: Aus wenig weißer, ungesponnener, langfaseriger Wolle ein festes Kügelchen wickeln und filzen wie oben beschrieben.

Ohren: Etwas weiße, ungesponnene Wolle zwischen den Handflächen flach filzen. Aus diesem Stück zwei Ohren ausschneiden (Skizze Seite 91 und Abb. links).

Schuhe: Siehe Schnittmuster und Beschreibung «Brownie», Seite 57.

Fertigstellung:

Das Gestell aus weißem Veloursdraht nach der Skizze biegen, Seite 47.

Die Hand- und Fußbereiche mit der langfaserigen, weißen Wolle zuerst separat bewickeln (Skizze «Erdbeerzwerg«). Hände und Füße gewinnen an Stabilität, wenn man nach dem Bewickeln diese Bereiche etwas anfilzt: Mit warmem Wasser durchfeuchten und mit eingeseiften Fingern leicht reiben, so als wollte man der Figur Hände und Füße waschen.

Dann Arme, Beine und Körper vollständig bewickeln, wie beim «Alpmanndli» beschrieben und abgebildet!

Den Strickkittel (ohne Ärmel) über den Körper streifen, die Arme schauen waagerecht aus den Aussparungen heraus.

Dann die Ärmelnähte schließen, Ärmel über die Arme schieben und rundherum mit kleinen Stichen an den Anzug nähen.

Dieser Anzug ist mehr ein Kittel und wird unten, zwischen den Beinen nicht zusammengenäht. Er reicht fast bis auf die Schuhe herunter.

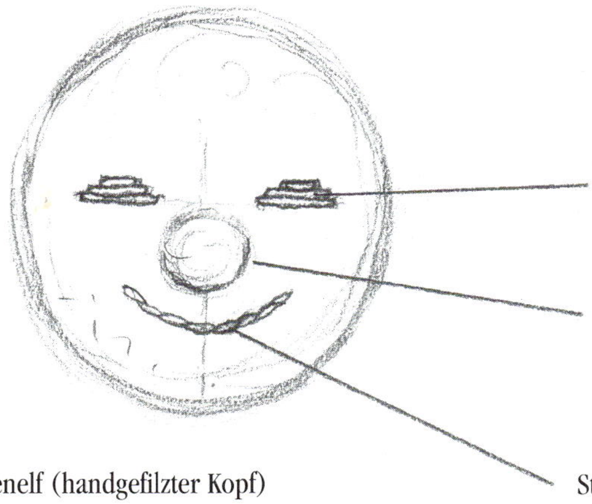

Schneeflockenelf (handgefilzter Kopf)

Nun wird der Kopf angebracht. Er sitzt nicht oben, zwischen den Schultern, sondern wird in Richtung Brust geschoben. So entsteht gleichzeitig ein Buckel. Den Kopf mit vielen Stichen (doppelte Nähseide) befestigen, er darf später nicht mehr wackeln. Dabei auch sehr tief in den Wollkörper stechen.

Achtung! Das Gestrickte beim Zurückstechen nicht mit nach innen ziehen.

Die Nasenkugel mit Nähseide an das Gesicht nähen, nicht zu hoch ansetzen!

Die Augen bestehen aus je drei Spannstichen (Plattstichen), der Mundbogen aus einigen Stilstichen (Skizzen).

Mit einem violett-rosa Buntstift einen Farbhauch auf Wangen und Nasenspitze verteilen.

Bart und Haare: Aus dem Mohairgarn etwa 15 – 20 Fäden, je nach Dicke des Materials, von ca. 20 cm Länge, parallel zurechtlegen (Foto) und dann um den Kopf spannen, so daß das Gesicht etwa in der Mitte herausschaut. Rundherum anheften und zurecht schneiden. Einige «Schneeflöckchen» herstellen, wie anfangs beschrieben und im Bart verteilen, sie halten von selbst! Dann die Ohren annähen, dabei zu einer Muschelform drücken (Skizze).

Mütze ganz gerade aufsetzen und leicht anheften, fertig!

Die Alpmanndli bestaunen einen Schneeflockenelf

Zwergenschenke in einem Apfelbaumstamm

Um einen alten Apfelbaum zu verjüngen, mußte dieses hohle Stammstück abgesägt werden. Viel Fantasie war gar nicht nötig, um es sich als eine Zwergenbehausung vorzustellen, denn sämtliche «Fenster» (runde Astlöcher) und sogar eine Türöffnung an der richtigen Stelle waren schon vorhanden.

Als Dachbedeckung dienten bemooste Rinden von einem umgestürzten Baum, als Fenstersprossen setzten wir Rundhölzer ein. Abgerundet wurde das Ganze durch die etwas aufwendiger gearbeitete, rustikale Tür und allerhand Zubehör, das im Kinderzimmer und draußen, in der Natur zu finden war: Birkenholzmöbel, Geschirr aus der Puppenstube, Zweige, Wurzeln, Steine, Blätter etc. Die Sprossen der Stiege, die zum oberen Stockwerk führt, sind kreuzweise angeschnürt.

Vorschlag für eine Tür: Zwei Lagen dünner Brettchen (z.B. Balsaholz aus dem Bastelgeschäft) versetzt übereinander leimen, dann die Türform aussägen. Die Tür braun oder moosgrün anstreichen. Als Türgriff wurde hier eine Holzperle verwendet, auf ein quadratisches Holzscheibchen geleimt und dann mit Goldfarbe bemalt. Die ebenfalls goldfarbenen Beschläge stammen von einem Schnellhefter. Sie wurden in der Mitte geknickt, an die Außen- und Innenseite der Türe geleimt und in die Ösen zwei kleiner, am Stamm befestigter Schrauben (von einem Bilderrahmen) eingehängt.

Hier können die Zwerge die schönsten Waldfeste feiern. Die Kinder bewirten sie mit «Heidelbeerwein» (roter Saft!), selbstgesammelten Bucheckern, Maronen, Hagebutten, frischen Beeren, wenn nicht selbst gesammelt, dann vom Markt, Salat von zarten Löwenzahnsprößlingen und Pilzragout (Pilze lieber kaufen!). Bei der Zubereitung hilft, wo nötig, ein «Großer» mit. Die Kinder dürfen natürlich nach Herzenslust naschen an den Zwergentellern und -schüsseln, wie herrlich schmeckt doch alles nach Wald und Wiese!

Tanzen und Springen, Necken und Singen gehören natürlich auch zu einem Zwergenfest. Siehe dazu die beiden Lieder in diesem Buch. Einen tanzenden Gnom zeigt die Abb. auf Seite 61.

Rezepte für ein Zwergenfest

Pilzragout

Frische Pilze, z.B. Steinpilze und Champignons
1 Zwiebel
Butter
etwas Salz und Pfeffer
Stärkemehl und saure Sahne
gehackte Petersilie

Bei größeren Pilzen die Lamellen und die Haut entfernen, kleinere jedoch nur abschaben. Anschließend waschen und trocken tupfen. Größere Pilze in Scheiben schneiden, kleinere ganz lassen. Auf madige Stellen achten unf ggfs. entfernen.
Die kleingewürfelte Zwiebel in der zerlassenen Butter hellgelb rösten, dann die Pilze dazugeben und ca. 20 Minuten dünsten. Mit Pfeffer und Salz leicht würzen.
Das Stärkemehl mit Wasser und saurer Sahne klümpchenfrei anrühren und das Pilzragout damit binden. Zum Schluß die gehackte Petersilie darüber streuen.

Wildsalat mit Blumen

Man sammelt junge Löwenzahn- und Brennesselblätter, beide niemals von gedüngten Wiesen oder vom Straßenrand. Zu den gesammelten Wildkräuterblättern kann man noch normalen Pflück- oder Kopfsalat geben.
Vom Markt oder aus dem eigenen Garten: Kresse, Postelein (Portulak), Schnittlauch sowie – als Augenschmaus – Kapuzinerkresseblüten, Boretschblüten, abgezupfte Blütenbätter von Ringelblumen und einige Rosenblätter (nicht von gekauften oder gespritzten Pflanzen).
Die grünen Blätter waschen und trockenschleudern. Die Blüten separat waschen. Den Salat mit Sonnenblumenöl und etwas Balsamico-Essig, Salz und Pfeffer anmachen. Zum Schluß die bunten Blumenblätter verteilen. Schnittlauchröhrchen (mit einer Schere abgeschnitten) darüber streuen.

Wem gehört welches Hütchen?

(Suchen, zuordnen, aufschreiben)

Ein kräftiger Windstoß hat den Zwergen, die sich gerade alle versammelt hatten, die Mützen von den Köpfen gerissen. Weißt du, welches Hütchen zu welchem Zwerg gehört?

Trage die Namen der Zwerge an den richtigen Stellen ein. Wer noch nicht so gut lesen und schreiben kann, läßt sich von einem «Großen» helfen.

1 P..............

2 A.........

3 S................

4 G..............

5 B......

6 S.................

7 N.................

8 E...........

4
3
6
7
8
1
5
2

Quellenangaben, Literaturhinweise

«Irische Elfenmärchen», Gebrüder Grimm, Verlag Freies Geistesleben, Stuttgart (1)

«Isländische Märchen», Herausgegeben und übersetzt von Heinz Barüske, Insel Verlag, Frankfurt am Main (2)

«Von Zwergen und Gnomen», sechzehn Natursagen, zusammengestellt von Elisabeth Klein, Novalis Verlag, Schaffhausen (3)

«Gnomen, Undinen, Sylphen und Salamander», Vortrag Rudolf Steiners am 16. Mai 1909, aus: «Geistige Wesen in der Natur», Themen aus dem Gesamtwerk, ausgewählt von Wolf-Ulrich Klünker, Verlag Freies Geistesleben, Stuttgart (4)

«Theosophie», Rudolf Steiner, R. Steiner Verlag, Dornach (5)

«Erlösung der Elementarwesen durch den Menschen», siehe (4)

Prof. Dr. Erkki Lähde, in einem Interview mit Jussi Tuuri und Wolfgang Weirauch, Flensburger Hefte, Nr. 55, Flensburger Hefte Verlag, Flensburg (6)

Tapio Kaitharju, in einem Interview mit Wolfgang Weirauch, siehe oben (7)
«Holzwege, Steinwege...», Erlebnisse mit Elementarwesen, Dr. Ernst Martin Krauss, Flensburger Hefte Verlag (8)

«Karlik», Begegnungen mit einem Elementarwesen, Ursula Burkhard, Werkgemeinschaft Kunst- und Heilpädagogik, Weißenseifen (9)

«Elementarwesen», Die Gefühlsebene der Erde, Marko Pogacnik, Droemersche Verlagsanstalt Th. Knaur Nachf., München (10)

Gedichtzeile aus Günter Eich, «Ende eines Sommers», aus: Gesammelte Werke, Die Gedichte, Suhrkamp Verlag, Frankfurt am Main(11)

«Märchen und Sagen» von Ludwig Bechstein, ausgewählt und bearbeitet von Erik Jelde, Droemersche Verlagsanstalt, München (Ausgabe von 1954)

Zwergengeschichten für Kinder:
Jakob Streit: «Tatatucks Reise zum Kristallberg», «Puck, der Zwerg», «Puck und der Regenbogen», «Liputto», «Zwerg Wurzelfein». Alle diese Bücher sind in den Verlagen Freies Geistesleben und Urachhaus erschienen.